LES EDDAS

Bruxelles. — Typ de A. LACROIX, VERBOECKHOVEN et Cⁱᵉ, rue Royale, 3, impasse du Parc

LA SAGA DES NIBELUNGEN

DANS

LES EDDAS

ET DANS LE NORD SCANDINAVE

TRADUCTION PRÉCÉDÉE

D'UNE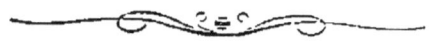

ÉTUDE SUR LA FORMATION DES ÉPOPÉES NATIONALES

PAR

E. DE LAVELEYE

PARIS
LIBRAIRIE INTERNATIONALE
15, BOULEVARD MONTMARTRE, 15
Au coin de la rue Vivienne
A. LACROIX, VERBOECKHOVEN ET Cie, ÉDITEURS
A BRUXELLES, A LEIPZIG ET A LIVOURNE

1866

INTRODUCTION

LA FORMATION DES ÉPOPÉES NATIONALES

ET

LES ORIGINES DU NIBELUNGE-NOT (1)

La question des origines de l'épopée germanique a donné lieu en Allemagne à des débats aussi instructifs et plus prolongés que celle des origines de l'épopée grecque. Certes, le poème des *Nibelungen* est loin de la perfection littéraire de l'Iliade, et il n'offre point par consé-

(1) On peut consulter sur la question que nous traitons ici les ouvrages suivants : *K. Lachmann*. Anmerkungen zu den Nibelungen und zur Klage. — *Wilhelm Grimm*. Die deutsche Heldensage. — *A. Raszmann*. Die deutsche Hel-

quent un intérêt aussi général que la poésie homérique; mais, ne remontant pas à une antiquité aussi reculée, il permet mieux l'étude de la manière dont il a été composé et des sources dont il est sorti. Or, comme cette étude, déjà intéressante en elle-même, jette en outre une vive lumière sur un problème de la plus haute importance pour l'histoire de la littérature et même pour celle de l'esprit humain, à savoir le mode de formation de l'épopée, il ne faut pas nous étonner si ce débat, continué depuis plus d'un demi-siècle, n'a pas encore lassé l'attention du public d'outre-Rhin. — Chaque année paraissent sur ce sujet de nouveaux travaux plus ou moins remarquables; chaque année, d'infatigables champions descendent dans la lice et se livrent à de nouvelles

---

densage und ihre Heimat. 1857-1859. — *K. Mullenhoff.* Zur Geschichte der Nibelunge-nôt. 1854. — *Holtzmann.* Untersuchungen über das Nibelungen-lied. 1854. — *Id.* Kampf um der Nibelungen-hort gegen Lachmann's nachtreter. 1855. — *Max Riger.* Zur Kritik der Nibelungen. 1855.

joutes scientifiques. Déjà deux générations de savants se sont succédé dans ces luttes persévérantes de l'érudition, dont l'acharnement rappelle vaguement à l'esprit les combats des héros grecs et troyens se disputant le corps de Patrocle, ou ceux des Burgondes et des Amelungen sur le cadavre du margrave Ruedigèr. Ce sont d'abord Zeune, von der Hagen, Simmrock, Mone, Lange, les illustres frères Grimm, Karl Lachmann, A. von Schlegel, P. C. Müller et bien d'autres encore; puis von Spaun, Schœnhuth, L. Braunfels, A. Raszmann, S. Ettmüller, H. Fischer, Wilhelm Müller, Holtzmann, Müllenhoff, Max Rieger, R. von Lilienkron, Zarncke, etc., les uns s'attachant à confronter les manuscrits, à fixer le texte, à expliquer les passages obscurs; les autres scrutant les origines, cherchant à découvrir le nom de l'auteur, à déterminer le pays où est née la tradition épique et l'évolution qu'elle a accomplie. On ferait une bibliothèque en réunissant les différentes éditions du *Nibe-*

lunge-nôt et les commentaires, les recherches, les dissertations qui ont paru au sujet de ce poème, soit dans les ouvrages spéciaux, soit dans des recueils périodiques.

La première publication d'un fragment des *Nibelungen* remonte déjà à plus de cent ans. Mais, habituée à réserver toute son admiration pour la littérature française et pour celle de l'antiquité, l'Allemagne du dix-huitième siècle n'était point préparée à apprécier ce monument de l'antique génie de la race germanique, dont la grandeur sauvage et les beautés incultes faisaient un si grand contraste avec les chefs-d'œuvre de Rome et de la Grèce. Aussi ne comprit-on pas d'abord toute l'importance de cette composition qui différait tant de celles qu'avait consacrées le goût classique. C'est seulement depuis le soulèvement de l'esprit national contre la suprématie de Napoléon, que la faveur du public s'est attachée à cette œuvre des anciens âges, qui avait, aux yeux des bons patriotes, le mérite de peindre avec une grande vigueur les mœurs guerrières et héroïques des vainqueurs de l'empire romain. Mais, à partir de ce moment, il n'est pas d'honneur qui ait manqué au *Nibelunge-nôt*. Ce poème est devenu l'objet de la vénération de l'Allemagne, qui le considère comme l'Iliade des fils de Teutsch. A tous les degrés de l'enseignement, il est mis aux mains des élèves qui l'étudient et en apprennent par cœur les passages les plus remarquables. Des professeurs l'expliquent et le commentent dans les chaires des universités. L'art, à son tour, s'est inspiré de ses principaux épisodes et en a orné le palais des souverains. Les savants les plus renommés lui ont consacré leurs veilles. Il a pénétré dans la chaumière des paysans comme dans la demeure des grands, et de même que les chants héroïques qui célébraient la mort de Siegfried ou la vengeance de Kriemhild résonnaient jadis partout où l'on parlait l'un des dialectes du vieil idiome germanique, ainsi de nos jours le *Nibelunge-nôt* est devenu le patrimoine littéraire commun de tous les peuples qui constituent l'Allemagne moderne.

Ce poème occupe donc une si grande place dans la littérature allemande qu'il est d'un intérêt réel, même à l'étranger, de se rendre compte des travaux récents auxquels il a donné lieu. Le débat sur les origines du *Nibelungenôt* n'est certes pas épuisé, mais il est du moins assez avancé pour que le public puisse se former une opinion sur ce sujet. Quand une question est bien posée, que tous les éléments en sont connus et qu'ils ont été, pendant un temps assez long, l'objet des études approfondies d'un certain nombre de bons esprits, on peut dire que, dans l'état actuel de la science, la cause est instruite. Alors, il reste encore en présence deux ou trois systèmes qui se rattachent aux grandes vues philosophiques sur les lois qui régissent le développement de l'esprit humain et la marche de l'histoire; mais du moins ces différents systèmes sont présentés d'une manière assez nette pour qu'il soit possible de les exposer clairement et de les juger.

Pour donner à notre travail un point de départ solide et pour asseoir notre jugement sur une base sûre, nous serons obligé de jeter un coup d'œil général sur la nature et la formation de l'épopée. A son tour, l'étude des origines du *Nibelunge-nôt* servira à compléter cette théorie, restée nécessairement assez vague, aussi longtemps qu'on avait borné les recherches dans le cercle des compositions homériques. Wolf avait ouvert la voie de ce genre d'investigations, on sait avec quel éclat; des esprits distingués l'y avaient suivi, soit pour soutenir ses vues, soit pour les combattre; mais toute leur pénétration ne pouvait suppléer au défaut de documents historiques. Quoi qu'on fît, on était réduit aux éléments de preuve tirés des poèmes mêmes et à quelques rares indications empruntées aux sources extrinsèques. Il était donc bien difficile d'arriver, dans une question ainsi limitée, à des conclusions décisives. Heureusement, la connaissance et l'examen plus approfondis des origines des épopées nationales de l'Inde, de la Perse, du moyen âge et de l'Allemagne primitive ont répandu un jour nouveau sur cet intéressant problème de littérature comparée. Or, de toutes ces études, aucune ne donne des résultats aussi importants que celle de l'épopée germanique. Ici, en effet, non seulement on possède un poème achevé, le *Nibelunge-nôt*, mais de plus on peut suivre la marche de la tradition épique pendant plus de mille ans, depuis l'instant où elle nous apparait sous forme de chants lyriques, jusqu'à l'époque où elle se dissout en contes populaires qui continuent d'être transmis d'âge en âge par la mémoire naïve des populations rurales. On peut reconnaître, tant par les indications de l'histoire que par les monuments littéraires, les diverses transformations qu'elle a subies; on peut la voir naître très probablement avant les grandes invasions, se développer en même temps que le génie de la race germanique, se confondre avec ses croyances religieuses, puis émigrer vers le nord, se répandre dans tous les pays scandinaves et enfin s'effacer peu à peu devant l'influence croissante du christianisme, mais néanmoins survivre encore jusqu'à nos jours dans les chants de Sigurd des îles Faroë. L'étude des origines du *Nibelunge-nôt*, faite d'après les travaux les plus accrédités de la science allemande, peut donc offrir outre l'intérêt qui lui est propre, un intérêt plus général, car elle permet, comme nous l'avons dit, de contrôler l'histoire de la formation de la poésie épique, dont nous commencerons par dire quelques mots.

I

La question de l'origine et de la formation des épopées nationales (1), telle qu'elle est posée

---

(1) Il faut entendre par épopées nationales, celles qui, tout en ayant reçu du génie d'un seul homme leur forme dernière, ont cependant été conçues et élaborées par les facultés poé-

maintenant, est nouvelle. Le dix-huitième siècle n'y avait point songé. De même qu'on se figurait volontiers que les religions étaient inventées par les prêtres pour exploiter la crédulité des peuples, que les sociétés avaient pour origine un contrat et que les langues étaient le résultat de combinaisons réfléchies, ainsi on pensait alors que tout poème épique était nécessairement l'œuvre tout individuelle d'un poète plus ou moins inspiré, qui avait su revêtir des

tiques de tout un peuple. Telles sont l'*Iliade* et le *Nibelungenôt*. Les pages qui suivent s'appliquent uniquement à ces productions des temps héroïques, et non aux poèmes des temps littéraires, comme l'*Énéide*. Les poètes qui composent ceux-ci s'inspirent ordinairement, il est vrai, des traditions légendaires ou historiques, ainsi que l'ont fait Virgile et le Tasse, par exemple ; mais ce sont eux qui créent les caractères et qui disposent l'action au gré de leur imagination.

L'épopée nationale est une œuvre collective et démocratique. C'est le monument du génie de tout un peuple qui parle même au cœur des classes les plus humbles. Le poème littéraire est principalement une œuvre individuelle et aristocratique ; elle ne révèle que le génie d'un poète et ne s'adresse qu'aux esprits cultivés. Cette distinction est indispensable pour qu'on n'étende point nos affirmations à des cas où elles cesseraient d'être vraies.

couleurs brillantes de son imagination soit un fait emprunté à l'histoire, soit une fable choisie dans le domaine de la fiction. On discutait longuement des points secondaires, tels que l'emploi du vers et du merveilleux, sans qu'on se doutât que tout cela était réglé par une sorte de loi naturelle. On voulait retrouver partout, même dans l'antiquité la plus reculée, les procédés de l'homme moderne, qui, dans ses productions littéraires, a un plan déterminé, et qui emploie les moyens propres à lui faire atteindre le but qu'il s'est proposé. On n'avait point l'idée de ces facultés de poésie instinctive, de cette puissance de composition collective qui, dans les temps primitifs, donnent naissance aux symboles du langage, aux mythes religieux et aux traditions épiques. Voltaire, par exemple, qui faisait l'histoire de l'épopée dans la préface de la *Henriade,* et qui ailleurs s'obstinait à ne voir dans les coquillages trouvés au haut des montagnes que des écailles d'huîtres apportées là par des pèlerins, ne soupconnaît pas plus le mode de formation lente et progressive de certaines créations de l'esprit humain dans les âges antéhistoriques, que le mode de formation successive et spontanée des créations de la nature aux grandes époques géologiques. Si maintenant, par un excès opposé, on accorde parfois une importance trop exclusive à l'action anonyme des peuples, jadis on attribuait tout à l'action individuelle et réfléchie des grands hommes.

Il est vrai que, même aujourd'hui, après les recherches de l'érudition la plus vaste et la plus ingénieuse, nous avons quelque peine à nous figurer très nettement comment l'imagination populaire produisait autrefois les mythologies et les épopées. L'humanité a quitté sans retour la période enfantine des fables pour entrer dans l'âge viril de la science. Notre temps n'enfante plus ni théogonies ni traditions épiques : les facultés poétiques des peuples ont cessé de créer les divinités et les héros. On l'a dit avec raison, le merveilleux est propre aux véritables épopées, comme le surnaturel l'est aux cultes anciens ; mais de même que les miracles contemporains s'évanouissent à la lumière de la publicité, quand ils n'échouent pas devant la répression judiciaire, de même le merveilleux dans les poèmes modernes n'est plus qu'une figure de rhétorique, un moyen de convention qui n'abuse ni l'auteur ni le lecteur. La trop grande clarté qui règne de notre temps empêchant les vaporeuses figures du mythe de prendre un corps et de grandir dans les croyances des peuples, il s'ensuit qu'il nous est aussi difficile d'étudier sur le vif le mode de formation de l'épopée que celui des langues. Habitués à considérer des faits nettement déterminés et des personnages réels, nous ne parvenons pas à avancer d'un pied sûr dans ces âges crépusculaires, où le possible et l'impossible se confondent, où la réalité et la fable s'unissent pour produire des êtres fantastiques et des événements extraordinaires. En présence de la difficulté que nous éprouvons à nous transporter à l'époque mythique et par suite du défaut de témoignages authentiques sur ces temps reculés, il est arrivé qu'on a mis en avant plusieurs systèmes pour expliquer l'origine des épopées nationales (1), sans qu'aucun d'eux ait pu réunir en sa faveur des preuves assez complètes pour entraîner l'adhésion unanime.

Les différentes explications qu'on a données du problème peuvent se ramener à deux principales qui ont déjà été formulées plus ou moins nettement en Grèce. D'après les uns, il faut chercher l'origine de la tradition épique, non dans les faits réels, mais dans les croyances religieuses, dans certaines vues sur la nature, dans les mythes, dans les symboles. Ces mythes, ces symboles, en se développant, auraient donné naissance aux légendes des dieux et aux récits mythologiques. Le côté divin de ces légendes

(1) On relira toujours avec fruit les articles que M. Edgar Quinet a publiés à ce sujet dans la *Revue des Deux Mondes* en 1836 et 1837, articles remplis d'aperçus brillants et hardis, dont la plupart ont été confirmés plutôt qu'ébranlés par les travaux postérieurs de la critique.

et de ces mythes s'étant peu à peu obscurci, le sens primitif des antiques croyances aurait cessé d'être compris, tandis que le côté humain se serait au contraire développé. Les dieux anciens seraient ainsi devenus des héros, et les épopées procéderaient des théogonies. On sait, par exemple, qu'Anaxagore cherchait déjà à interpréter les poèmes d'Homère par des explications allégoriques, et que les stoïciens prétendaient que les mythes religieux n'étaient que les représentations figurées, les symboles des phénomènes de l'univers. Cette opinion, qui a quelque chose de séduisant pour l'imagination, et qui permet d'attribuer à toutes les traditions épiques et religieuses une haute portée philosophique, comme essayèrent de le faire les néoplatoniciens, a trouvé également dans les temps modernes des partisans convaincus. Le grand ouvrage de Creuzer sur les mythologies anciennes est conçu à ce point de vue. Mais dans ces dernières années, des études nouvelles, appuyées sur les recherches de la philologie comparée, ont prouvé que ce système n'était pas tout à fait conforme aux faits. Sans doute, dit la science contemporaine, les mythes ont leur source dans la vue des phénomènes de la nature et dans l'impression qu'ils produisaient sur l'esprit de l'homme, et les divinités ne sont que les symboles des forces cosmiques. Seulement ces symboles ne sont pas des allégories. L'homme primitif ne songeait pas à envelopper sous le voile de la fiction une conception abstraite ou à cacher une idée profonde sous une image empruntée au monde matériel. Ce qui, pour les époques philosophiques, n'est qu'une fable ou une comparaison, est pour lui une réalité. Les éléments, le vent, la pluie, l'orage, les corps célestes qui parcourent le ciel, faisaient naître dans son imagination naïve l'idée d'êtres vivants, d'animaux célestes peuplant les espaces qui s'ouvrent au dessus de la terre. L'homme que l'observation et la science n'ont pas encore éclairé, croit voir dans les nuages, qui prennent souvent en effet les formes d'animaux, tantôt des chevaux bondissants ou des centaures, tantôt des vaches dont le lait, sous forme de pluie, féconde la terre, tantôt quelque monstre prodigieux, un poisson gigantesque ou un dragon qui rampe à l'horizon. A ses yeux, l'éclair apparaît comme un serpent de feu dont le dard enflammé promène l'incendie dans les forêts, ou plus tard comme une flèche d'or lancée par une divinité invisible. L'orage et la tempête lui semblent une chasse effroyable conduite par le dieu du tonnerre, et dans les hurlements du vent il se figure entendre les aboiements de la meute. Mais peu à peu, à côté des animaux célestes, viennent se grouper des êtres semblables à l'homme, des géants, des nains, des dieux. Ces conceptions, transmises de génération en génération et devenant de plus en plus anthropomorphiques, donnent lieu à des légendes, à des récits où les êtres surnaturels jouent un rôle et interviennent dans les faits réels. Ainsi se forme le monde varié des mythes religieux d'où dérive plus tard le mythe épique.

Que telle soit en effet l'origine des mythologies, il nous semble que l'érudition allemande l'a établi avec une force qui ne laisse guère de place au doute le plus obstiné. Mais quand on veut démontrer que l'épopée a sa source principale sinon unique dans les mythes élémentaires, on arrive à des résultats moins satisfaisants. En effet, pour découvrir le mythe caché sous les figures et sous les légendes héroïques, on est forcé de remonter à des idées tellement générales, qu'elles deviennent des abstractions qui n'ont plus aucun rapport nécessaire avec les traditions épiques qu'il s'agit d'expliquer. Dès lors il est facile de retrouver ces abstractions sous le voile des traditions de tous les pays, surtout quand on met en relief les circonstances favorables à la théorie qu'on croit vraie et quand on laisse dans l'ombre celles qui y sont contraires, comme cela arrive sans qu'on s'en rende compte. Sans doute nous sommes portés à voir, par exemple, dans Siegfrid, triomphant du dragon Fafnir et des Nibelungen, le dieu du soleil remportant la victoire sur les ténèbres et purifiant la nature, et par suite à l'identifier avec le Mithra persan et avec l'Apollon grec perçant de ses flèches le serpent Python. Il est même probable que les analogies qu'on ne peut méconnaître ici viennent d'un mythe solaire commun; mais arrivée à ce degré de généralité, la critique sent le terrain se dérober sous ses pas. La discussion des faits devient presque impossible, car on n'a plus devant soi que des figures impalpables, vagues et légères comme des brouillards du matin, des conceptions de l'esprit dont on ne peut dire si oui ou non elles ont été entrevues par les peuples qui ont créé la tradition épique (1).

(1) D'après M. Schwarz (voyez *der Ursprung der Mythologie*, 1860), Fafnir est le nuage orageux se traînant sur les éclairs, c'est à dire sur l'or brillant. Le nain Regin et le Nibelungen, comme leur nom l'indique, sont aussi des représentations figurées des sombres nuées. Quant à Siegfrid délivrant Bruynhild, c'est le dieu du printemps s'unissant à la déesse des nuages au milieu des flammes de l'orage. Avec des généralisations aussi audacieuses on peut montrer que Henri IV, paraissant dans la chasse infernale à Fontainebleau, n'est

L'autre explication, qu'on peut appeler historique, se rattache dans l'antiquité au nom bien connu d'Évhémère, qui soutenait, comme on sait, que les dieux qu'adorait la Grèce étaient les sages, les rois ou les guerriers des temps primitifs peu à peu déifiés par l'admiration de la postérité. En appliquant cette manière de voir à l'épopée, on a cherché à montrer que le fond des traditions épiques était toujours emprunté à l'histoire, et que les héros célébrés par les anciennes poésies de l'Inde, de la Perse, de la Grèce et de la Germanie étaient des personnages réels qui avaient remporté de grandes victoires ou rendu de grands services, et dont la reconnaissance populaire avait éter-

---

autre qu'Odin, lequel n'est lui-même que la tempête chassant les nuages devant elle. M. Preller reste sur un terrain plus solide quand, après avoir montré les traits communs de l'histoire de Persée et de Siegfrid, il ajoute que toutes ces traditions remontent aux mythes de l'Orient, où les combats du dieu Soleil avec des monstres occupent une grande place. Comme ces héros, le saint George du moyen âge triomphe aussi d'un dragon.

nisé le souvenir embelli. Si donc, d'après les uns, la poésie épique part du divin pour arriver à l'humain et, par des procédés anthropomorphiques, fait du dieu un héros, d'après les autres, cette poésie partirait de l'humain, qu'elle idéaliserait jusqu'au divin, et du grand homme ferait un héros ou un dieu par voie d'apothéose. Certainement l'explication historique s'avance sur un terrain plus ferme que l'explication mythique, et on peut au moins vérifier les conclusions auxquelles elle arrive. Cependant, comme l'origine des traditions héroïques remonte presque toujours à des temps qui précèdent l'histoire, ou du moins à un ordre de faits qui a échappé aux regards des historiens, les investigations les mieux dirigées n'arrivent à trouver que quelques noms propres et le souvenir plus ou moins vague de quelques grands événements. Souvent le poème lui-même dont on veut découvrir la source est le seul monument qui reste de ces époques reculées, où des poésies transmises oralement de génération en génération étaient les seules annales que l'humanité conservât de son passé. Dès lors, pour que les recherches faites au point de vue historique pussent aboutir à quelques résultats satisfaisants, il faudrait, par l'étude comparée des littératures, chercher chez un peuple les éléments qui manquent chez un autre, démêler en Germanie telle période du développement épique dont les traces ont disparu en Grèce, et trouver ainsi, s'il se peut, la loi générale qui préside à la marche progressive de la tradition, depuis son origine jusqu'au moment où, fixée en vers immortels, elle trouve enfin son expression définitive. On devrait imiter les procédés des géologues qui, pour compléter l'histoire d'une période de la formation du globe, empruntent aux différents pays tous les faits contemporains qui peuvent servir à expliquer les phénomènes demeurés obscurs.

Des deux systèmes restés en présence, il ne faut, croyons-nous, rejeter complétement ni l'un ni l'autre, parce que tous deux ont mis en lumière un côté de la vérité. Un résumé rapide des faits constatés jusqu'à ce jour suffira pour montrer ce que chacun d'eux présente de fondé.

Le désir de conserver le souvenir des événements qui l'ont frappé semble très prononcé chez l'homme, même dans les temps de barbarie. Or, en l'absence de l'écriture, ce n'est qu'au moyen du rhythme, de la mesure et de la mélodie qu'il arrive à fixer dans sa mémoire ce qu'il veut retenir. De là vient qu'aux époques primitives, les traditions, les croyances, les prophéties, les lois mêmes prennent la forme du vers, et que les annales de l'histoire et les textes des législations sont des odes ou des poèmes. Mais nulle part la coutume de célébrer par des chants les exploits des héros et les événements de la vie nationale ne reçut autant de développement que chez les peuples de race indo-germanique, tous doués de remarquables facultés poétiques. Ces compositions héroïques, qui rappelaient la gloire des aïeux, étaient chantées aux jours de fête, quand la tribu marchait à l'ennemi, ou quand elle se réunissait autour des tables du banquet. Elles avaient, aux yeux de la foule, quelque chose de sacré, comme le *péan* chez les Grecs, le *carmen* chez les latins, le *barditus* chez les Germains, ou même comme l'air national pour les peuples de nos jours. Ceux qui composaient ou récitaient ces chants semblent avoir toujours joui d'une grande considération. C'étaient souvent des guerriers qui prenaient eux-mêmes part au combat (1). Plus d'une fois, sans doute, sur les plateaux de l'Asie comme dans les plaines de la Germanie, ces bardes, encore tout échauffés du carnage et pleins du feu qu'allume le succès, avaient dé-

---

(1) Dans les *Nibelungen*, l'ami de Hagene, Volkêr, est à la fois un guerrier illustre et un joueur de viole comme les Skaldes scandinaves. Le roi Alfred chantait les poèmes et les poésies saxonnes. Dans le Beowulf, poème anglo-saxon du huitième siècle, le fidèle du roi qui chante les poésies des anciennes Sagas est un guerrier *couvert de gloire*. En Germanie comme en Grèce, les aveugles, dont la mémoire est plus fidèle, gagnaient leur vie en récitant les chants de la tradition populaire, mais ils n'appartenaient pas à la même classe que les chantres-guerriers.

crit la lutte dont ils venaient de partager les dangers en des chants d'une énergie sauvage, qui étaient redits par les générations suivantes comme la tradition vénérée de la gloire nationale.

Aussi haut que les parties les plus anciennes des Védas nous permettent de remonter dans l'histoire primitive du peuple arien, nous y trouvons des rapsodes chargés de célébrer les exploits des rois régnants, en les comparant aux faits glorieux des rois anciens. Ces compositions poétiques étaient chantées avec une sorte de pompe religieuse aux grandes fêtes, surtout le jour du sacrifice solennel du cheval, et les auteurs qui connaissent le mieux l'histoire de la littérature indienne n'hésitent pas à reconnaître dans ces hymnes les sources de l'épopée sanscrite (1).

(1) M. Albert Weber, entre autres, va même jusqu'à admettre que des fragments de ces chants primitifs ont été conservés dans le *Rig-Véda* et dans les *Brâhmanas*, commentaires en prose qui accompagnent les Védas. On peut consulter la traduction de l'ouvrage de M. Weber par M. Alfred Sadous (1859), *Hist. de la littérature indienne*, pag. 46, etc.

Chez les Perso-Ariens, on retrouve également la coutume des chants héroïques ayant pour sujet les grandes actions des rois ou des chefs. C'est avec le secours de ces traditions épiques, déjà recueillies, affirme-t-on, au sixième siècle, par les ordres de Nourshivan, que Firdousi composa la grande épopée persane, le *Shah-Nameh*. Les temps primitifs de la Grèce nous sont à peu près inconnus, mais nous voyons dans l'*Odyssée* Démodocus chanter devant Ulysse les événements de la guerre de Troie, et ce seul fait suffit pour prouver que l'usage de célébrer les actions d'éclat de la nation remonte à une antiquité très reculée. Il est d'ailleurs hors de doute qu'il a existé en Grèce différents cycles de poésies ayant pour objet les traditions de l'histoire nationale, comme, par exemple, le cycle des *Sept devant Thèbes* (1). Le

---

(1) « Les chants populaires de la Grèce antique, dit M. Guignaut dans le *Dictionnaire des Homérides*, les *Epea*, qui célébraient les héros, leurs aventures et leurs malheurs, s'étaient succédé durant bien des générations, avaient subi bien des transformations, bien des élaborations avant que

génie de Rome, à l'origine, est le génie sérieux et laconique du légiste plutôt que celui du poète. Cette cité, à la population si mêlée, fut dominée d'abord par l'influence des taciturnes Étrusques, à qui elle devait sa civilisation. Ce n'est donc pas ici qu'il faut s'attendre à trouver un grand développement de la poésie populaire. Cependant on sait que Niebuhr a soutenu que les commencements de l'histoire de Tite-Live sont puisés dans les *Héroïdes* des premiers rois (1). Les témoignages abondent pour

l'épopée fût possible. » On ne peut contester l'existence de poètes, d'Aèdes, ἀειδοί, chantant d'abord des faits réels et contemporains longtemps, avant l'époque homérique.

(1) Voici quelques textes qui prouvent l'existence de chants héroïques à Rome : Cicéron. *Tuscul.*, I, iv. « Gravissimus auctor in originibus dixit Cato, morem apud majores hanc epularum fuisse, ut deinceps. qui accubarunt, canerent ad tibiam clarorum virorum laudes atque virtutes. » Nonius, II, 70, v° *Assâ* : « (Aderant) in conviviis pueri modesti, ut cantarent carmina antiqua, in quibus laudes erant majorum, assâ voce, et cum tibicine. » Festus, v° *Camenæ, Musæ*, quod canunt antiquorum laudes (*cascus*, vetus, *casmenæ* antiquæ). Denys, lib. I, sur Romulus et Remus : ὡς ἐν τοῖς πατρίοις ὕμνοις ὑπὸ Ῥωμαίων ἔτι καὶ νῦν ᾄδεται. (Voyez Michelet. *Hist. rom.* notes.)

prouver que les tribus germaniques et celtiques avaient conservé dans tout son juvénile éclat la coutume des chants héroïques qu'ils avaient héritée de leurs ancêtres. Dans la Gaule comme en Scandinavie, en Germanie comme dans la Grande Bretagne, nous voyons les bardes ou les skaldes célébrer, en s'accompagnant de la harpe, les glorieuses actions des héros. Chaque fois que les légions, qui marchaient silencieuses au combat, rencontraient les armées du Nord, elles étaient frappées d'entendre les barbares entonner leurs chants de guerre avec un enthousiasme religieux. Après la conquête, les Germains conservèrent assez longtemps le goût de ces chants guerriers, et même ce Taillefer, au nom si belliqueux, qui, le jour de la bataille d'Hastings, précédait l'armée normande chevauchant et chantant « de Karlemaine et de Roland, » appartient encore à la famille des anciens bardes. A une époque plus récente, les poésies sur le Cid et sur Bernard de Carpio, recueillies dans le *Romancero* espagnol, celles sur Robin-Hood en Angleterre et les poésies populaires de la Grèce moderne ont été composées dans des circonstances assez analogues à celles qui ont inspiré les chants héroïques de la Gaule et de la Germanie. On peut donc considérer comme démontré que la composition des épopées nationales a été partout précédée et préparée par celle des chants lyriques destinés à être répétés les jours de fête et de bataille et célébrant des faits historiques, des héros réels.

Il faut maintenant essayer de déterminer le caractère de ces poésies primitives. Un premier point est hors de doute, c'est qu'elles étaient chantées avec accompagnement d'un instrument à cordes. C'est le souvenir de cet antique usage qui, devenu une tradition obligée, fait dire aux auteurs des épopées littéraires : « Je chante, etc., *Arma virumque cano,* » quoique leurs poèmes fussent simplement destinés à être lus. Primitivement la poésie et la musique sont étroitement unies; la lyre est le symbole du vers. De nos jours encore, les montagnards, qui semblent conserver partout sur les hauteurs une éternelle jeunesse sociale, ne connaissent que la poésie chantée. C'est aux époques civilisées, où la pensée l'emporte de plus en plus sur la sensation, que le vers se sépare ordinairement de la musique, pour ne plus s'associer à elle qu'exceptionnellement et en des œuvres d'un genre mixte; toutefois même, alors, le rhythme, la rime, la mesure ou l'allitération sont encore les vestiges de l'ancien élément mélodique. Un second point paraît aussi à l'abri de toute contestation sérieuse : les poésies héroïques avaient toujours pour sujet, à l'origine, des événements réels, les actions glorieuses des rois ou des guerriers qui avaient illustré la tribu, ou bien quelque grande catastrophe qui avait vivement frappé l'imagination populaire. C'est ainsi que les rapsodes des Ariens primitifs chantaient volontiers les victoires de cette race forte et belliqueuse sur les peuplades indigènes de l'Inde; les aèdes grecs, la chute de Troie ou la guerre de Thèbes ; les bardes celtes et germains, les exploits réels des héros de leur race (1).

Mais si, après avoir constaté que les ancien-

(1) On ne peut nier ce dernier fait en présence des témoignages unanimes et très précis des historiens. Ammien Marcellin dit, livre XV : « Bardi quidem fortia virorum facta heroicis composita versibus, cum dulcibus lyræ modulis cantitârunt. » On peut comparer ce qu'avancent à ce sujet Tacite, Posidonius apud Athenæum, Pomponius Festus, etc. — Cassiodore écrit à Clovis au nom de Théodoric : « Citharæ dum etiam arte suâ doctum pariter destinavimus experitum qui ore manibusque consonâ voce cantando gloriam vestræ potestatis oblectet. » Jornandès dit, en parlant des anciennes migrations des Goths : « Quem ad modum in priscis eorum carminibus, penè historico ritu, in commune recolitur. » Après la chute de l'empire, les premiers chants héroïques du moyen âge avaient aussi des faits historiques pour sujet. Le prieur Jeoffroy écrit à l'auteur de la *Chronique de Turpin*, à propos des hauts faits de Roland : « Apud nos ista latuerant hactenùs nisi quæ joculatores in suis præferebant cantilenis. » La *Chronique de Turpin*, parlant d'Hoël, comte de Nantes, dit : « De hoc canitur in cantilenâ usque in hodiernum diem. » En 866, Albéric parle des *Heroicæ cantilenæ*, composées au sujet de la victoire de Charles le Chauve sur Gérard de Vienne. A la fin du neuvième siècle, dans le *Poeta Saxo*, il est question des *Vulgaria carmina* que chantent les ancêtres de Charlemagne « Avos et Proavos, Pippinos, Carolos, Ludowicos et Theodoricos et Carlomannos, Hlothariosque. » Il serait facile de multiplier ces preuves.

nes poésies héroïques étaient chantées et avaient un fond historique, nous voulons étudier de plus près leurs caractères distinctifs, c'est en vain qu'on chercherait à le faire dans les monuments de la haute antiquité. Remontant à une époque où l'écriture était inconnue ou hors d'usage, la plupart de ces chants ont été oubliés ou perdus. Ceux-là seuls ont survécu qui ont servi de base aux compositions épiques postérieures; mais, complétement remaniées et fondues dans les poèmes qui nous sont parvenus, il n'est plus possible à la critique la plus sagace de retrouver leurs formes primitives. On est par conséquent obligé d'interroger les compositions d'une époque plus récente, où existaient, d'une part, dans certaines classes de la société, la naïveté, l'enthousiasme, l'ignorance enfantine qui favorisent le développement de l'inspiration épique, et où se rencontrait, d'autre part, une classe qui, plus lettrée et déjà curieuse, pût recueillir les productions fugitives de la muse populaire. Dans les premiers temps qui suivirent les grandes invasions, les chefs et leurs guerriers conservèrent les mœurs héroïques et le goût des chants destinés à les célébrer, tandis qu'à côté d'eux, dans les couvents, seuls refuges des restes d'une civilisation plus mûre, les moines s'efforçaient de garder le souvenir des événements auxquels ils assistaient et de rassembler les éléments de leurs chroniques. C'est à ces circonstances particulières que nous devons la conservation de quelques fragments d'anciens chants historiques qui peuvent en quelque mesure nous offrir un spécimen de ce genre de compositions. Parmi ces poésies, une des plus dignes d'attention est, sans contredit, un chant en langue basque, découvert par Latour d'Auvergne, vers la fin du siècle dernier, dans un couvent de Fontarabie. Ce chant, dont on assure que des versions orales sont encore conservées dans les Pyrénées, retrace l'impression produite par le passage de l'armée de Charlemagne et par sa défaite à Roncevaux. Rapide, énergique, pleine de sentiments patriotiques, cette composition est d'une couleur simple et vraie qui peint au vif en quelques traits les hommes et les lieux. On y reconnaît la véritable inspiration épique, comme dans les chants des montagnards de la Grèce. On peut encore citer, parmi les chants historiques primitifs du moyen âge, celui qui fut composé lors de la victoire remportée par Louis III sur les Normands aux bords de l'Escaut, en 881, et que Mabillon a retrouvé dans l'abbaye de Saint-Amand, près de Tournay; le chant en latin rimé composé en l'honneur de la victoire de Lothaire II sur les Saxons, et qui n'était, d'après le témoignage de saint Hildegaire, qui nous en a conservé le texte, que la traduction « d'un chant vulgaire, lequel, à cause de sa rusticité, se trouvait dans toutes les bouches, et que les femmes chantaient en dansant et en battant des mains; » le chant de Fontenay, composé par un guerrier germain, Anglebert, qui, semblable aux bardes antiques, combat au premier rang, *primâ frontis acie*, mais qui, pour ne point paraître barbare, se sert du latin ou fait traduire ses vers en cette langue par quelque moine plus savant que lui; et enfin le chant composé par les soldats de l'empereur Louis II, prisonnier à Bénévent, pour s'animer à la délivrance de leur souverain (1).

A juger des chants historiques, qui semblent avoir été partout les premiers germes de l'épo-

(1) Le fragment de Cassel sur le combat de Hildebrand et de son fils Hadubrad se rapproche, pour la forme, des anciennes poésies héroïques, mais il n'est pas démontré qu'il se rapporte à un fait historique. On pourrait citer le chant de guerre armoricain, la *Marche d'Arthur*, reproduit par M. de la Villemarqué, si l'on connaissait mieux la date de sa composition et son origine. De même que dans les commentaires en prose des Védas, on rencontre des traces d'anciens chants, ainsi dans les chroniques du moyen âge on trouve parfois des chansons nationales transcrites à peu près mot à mot. Pour ne citer qu'un exemple, le remarquable récit de la prise de Pavie par Charlemagne, dans le moine de Saint-Gall, est évidemment écrit d'après un chant de guerre, dont il conserve encore le mouvement et la couleur poétiques. M. Lenormant a même découvert un chant en vers latins sur Childebert, introduit dans la vie d'un abbé de Saint-Germain par un moine du neuvième siècle nommé Gislemar, qui a écrit la composition versifiée à la suite, comme de la prose, en ajoutant seulement quelques mots par-ci par-là, afin de déguiser la mesure.

pée, d'après ceux dont le texte nous est connu, on peut dire qu'ils se distinguent par une grande simplicité et qu'ils n'ont d'autre mérite littéraire que l'énergie des sentiments qu'ils expriment, et d'autre prétention que celle de l'exactitude des faits qu'ils racontent. Le merveilleux n'y entre pas encore : c'est la réalité peinte en quelques traits abruptes. Le plan est peu compliqué, le récit bref : point de descriptions ni de développements. Le héros nettement mis en scène, le fait principal bien mis en relief, cela suffit à un chant de guerre. Pour que ces chants primitifs puissent donner naissance à l'épopée nationale, la réunion de plusieurs circonstances est nécessaire. Il faut, en premier lieu, que ces poésies ne soient point dès l'abord fixées par l'écriture, sinon elles ne pourraient se prêter aux transformations successives qui doivent les préparer à servir plus tard d'élément épique. — En second lieu, il faut qu'elles se produisent dans un temps où les guerriers et les chefs partagent les croyances naïves, les passions, les enthousiasmes et même l'ignorance de la foule, sinon les chants destinés seulement à charmer l'humble esprit de l'homme attaché à la glèbe, ne pourraient se revêtir de ces couleurs héroïques qu'ils doivent emprunter au caractère intrépide et fier de l'homme qui combat. — Il faut, enfin, que ces chants guerriers puissent se grouper autour du souvenir de quelque grand événement, sinon, bientôt oubliés, ils ne pourraient être sans cesse remaniés et embellis par l'imagination populaire. Quand ces conditions se rencontrent, quand, à une époque où l'esprit critique n'a pas encore tari la source des fictions et où l'histoire n'a pas chassé la légende, un sentiment profond s'empare de toute une population et exalte ses facultés poétiques, alors seulement les chants historiques transmis de génération en génération se réunissent, se fondent les uns dans les autres et finissent, sous l'empire d'une commune inspiration, par former un ensemble qu'on a appelé un cycle.

Dans les civilisations primitives, le seul sentiment qui puisse être assez général pour s'emparer de tout un peuple et assez durable pour permettre à la tradition épique de se développer, c'est l'orgueil national et la haine vivace et ardente qu'inspire la lutte contre une race ennemie ; aussi voyons-nous partout les cycles héroïques se former sous l'influence d'une inspiration patriotique. Dans l'Inde, on a pu déjà constater l'existence de deux cycles principaux : le premier, qui avait pour sujet les conquêtes des Ariens et du brahmanisme sur les indigènes et qui a produit plus tard, sous l'action des idées religieuses, le Râmâyana ; le second, qui avait pour sujet les luttes des conquérants de l'Inde entre eux et qui a donné naissance au Mahâbhârata. En Grèce, le cycle des poésies nationales, qui a préparé l'*Iliade*, s'est formé par les souvenirs, et surtout par l'impression de la lutte séculaire des Hellènes contre les peuples de l'Asie Mineure. En Perse, la partie ancienne du *Shah-Nameh* émane du cycle des guerres des populations agricoles de l'Iran contre les tribus nomades du Touran. Au moyen âge, dans la Gaule, on trouve : le cycle des luttes du Midi gothico-romain contre le Nord franc, représenté, entre autres, par le poème de Gérard de Roussillon ; le cycle des résistances féodales contre le pouvoir royal, dont on peut voir l'expression vraiment dramatique dans le roman de *Garin-li-Loherain;* enfin le cycle des luttes contre les Sarrasins, dont est sortie la *Chanson de Roland*. En Espagne, on rencontre deux cycles principaux de romances héroïques, mais qui n'ont pu arriver à l'état d'épopée complète, les uns réunis autour du nom du Cid et rappelant les combats des chrétiens contre les Maures, les autres, autour de celui de Bernard del Carpio et célébrant les luttes de l'Espagne contre les invasions du Nord. Les ballades anglaises de Robin-Hood étaient inspirées, suivant l'opinion d'Augustin Thierry, qui reste encore la plus probable, par l'opposition des Saxons vaincus contre l'aristocratie normande, comme les poésies de la Grèce moderne l'ont été par la haine contre la domination turque. Ainsi, on le voit, le fait est général, partout c'est sous l'empire de l'exaltation du sentiment national que se groupent les chants héroïques d'où sortent les épopées.

Mais, avant d'arriver à cette forme définitive, la tradition épique reste longtemps à l'état de poésie populaire, flottante, transmise de bouche en bouche et d'âge en âge, toujours remaniée par chaque génération qui lui imprime le caractère de ses croyances, de ses passions et de ses facultés. Cette période de composition successive et pour ainsi dire spontanée se prolonge pendant un temps plus ou moins long : peut-être deux mille ans dans l'Inde et dans la Perse, cinq à six siècles dans la Grèce et dans la Germanie, deux siècles au plus dans la France du moyen âge. C'est pendant cette période que l'imagination populaire crée le merveilleux et le mythe, enfante des héros fabuleux ou grandit, au gré de ses prédilections, les personnages et les événements réels.

La transition du grand homme historique à la figure épique se fait graduellement et d'après les tendances propres aux populations qui ont conservé son souvenir; parfois aussi celles-ci s'attachent à un guerrier peu connu ou complétement ignoré de l'histoire, et même presque entièrement fabuleux. Qu'ont été en réalité Achille et Siegfrid, Féridoun et Rustem? Quand ont-ils vécu? Par quels exploits ont-ils mérité l'éternelle admiration que leur ont vouée les hommes de leur race? Nul ne répondra jamais à ces questions, car ces grandes figures ont passé sur la scène du monde quand la poésie, avec ses mobiles fictions, pouvait seule conserver l'écho de leurs noms. Roland était gouverneur de la Marche de Bretagne : voilà la seule mention que l'histoire fasse de ce personnage sublime; mais il est tombé au passage des Pyrénées en défendant la Gaule contre ses terribles ennemis, les Sarrasins; cela suffit. L'enthousiasme populaire s'attache à ce nom ; il prête à son héros un courage inébranlable, une force prodigieuse : à lui seul il arrête une armée ; d'un coup de son épée il fend les montagnes ; il succombe, non sous les coups de l'ennemi, mais de l'effort qu'il fait pour rappeler l'empereur. Sa mort est plus glorieuse qu'une victoire ; la défaite de Roncevaux est oubliée : la vanité nationale est satisfaite par la gloire du héros invincible, gloire dont elle-même a fait presque tous les frais.

Partout les nations se sont passionnées ainsi pour certaines figures qui représentaient les sentiments dont elles étaient animées. Chacune d'elles s'est éprise de son héros de prédilection ; elle l'a doué de toutes les vertus qu'elle admirait ; elle lui a prodigué toute la puissance qu'elle désirait pour elle-même ; elle lui a prêté ses passions, mais idéalisées ; elle lui a attribué ses hauts faits, mais agrandis ; elle en a fait un type dans lequel se reflètent les traits principaux du caractère national (1). Peu à peu la tradition se fixe ; le peuple croit à la réalité de cette figure que ses chants ont faite si belle, car il n'a pas d'autre histoire. Cette figure est réelle d'ailleurs, car elle est l'image purifiée de la race qui l'a produite, et, si on peut s'exprimer ainsi, l'incarnation de son génie. Quand le personnage, objet de l'enthousiasme général, est complétement transfiguré et est devenu presque un demi-dieu, quand sa vie a pris aux yeux de la nation un tel caractère d'authenticité que nul ne doute plus des faits rapportés par la tradition, alors le peuple s'incline devant son héros ; il l'admire ; il répète ses louanges et il est prêt à adorer la création de ses propres facultés poétiques. Ainsi fait la jeune fille éprise : elle orne l'homme qu'elle aime de toutes les qualités qu'elle admire; elle le voit non

(1) « Roland, dit M. L. Vitet, c'est la France, c'est son aveugle et impétueux courage... image vivante qui, dans les traits d'un seul homme étudié d'après nature, nous montre ceux d'un peuple tout entier. » Voyez *Revue des Deux Mondes*, 1ᵉʳ juin 1852, *la Chanson de Roland*.

tel qu'il est, mais tel que son imagination le lui montre. C'est la fable toujours vraie de Pygmalion adorant la statue dont les lignes divines sont l'œuvre de son génie. Seulement, à chaque génération, la jeunesse, avide d'idéal, crée encore les idoles qu'elle chérit, tandis que pour l'humanité ce temps de création poétique et d'enthousiasme juvénile est passé sans retour. Les poëmes artificiels des temps civilisés, tels que l'*Enéide* et la *Jérusalem délivrée*, sont bien aussi, comme les épopées naturelles, le produit de l'imagination humaine s'exerçant sur des faits réels ou sur des traditions populaires; mais en créant les premières, l'imagination du poète est dirigée par la réflexion et par le goût et il a conscience du but qu'il veut atteindre, tandis qu'en créant les secondes, l'imagination du peuple opère pour ainsi dire instinctivement et obéit, sans le savoir, à des lois générales et à des conceptions préexistantes. L'aspiration vers l'idéal, qui est la source profonde d'où sort l'épopée et toute œuvre d'art, ne meurt pas au cœur de l'homme ; seulement ce noble et indestructible sentiment n'agit plus que sous le contrôle de la raison et sous l'œil de la critique. Il perd ainsi sa spontanéité native, et l'on cesse de croire à la réalité des figures qu'il enfante : la foi manque au poète et au public. L'œuvre peut être très belle encore, mais elle n'aura plus la même action sur la vie nationale. Elle sera peut-être, comme le poème de Virgile, l'ornement d'un siècle littéraire et les délices de tous les esprits cultivés ; ce ne sera plus, comme l'épopée homérique, pour toute une race un objet d'enthousiasme et de culte, une cause de civilisation, une source de croyances religieuses et l'origine d'un grand développement moral et artistique. Dès que les progrès de la science et l'éveil du sens critique ont refroidi ces foyers de poésie vivante d'où jaillissaient avec une merveilleuse profusion les figures lyriques, les métaphores et les légendes, les symboles du langage et du culte, en un mot, le mythe sous toutes ses formes, on ne voit plus se produire ce mirage enchanteur qui présentait aux yeux d'un peuple jeune et crédule son image transfigurée sous la forme du héros épique.

Quand les circonstances sont favorables, quand l'imagination de la foule est fortement ébranlée par quelque catastrophe terrible ou par de grands événements, le mythe historique se forme plus vite qu'on ne serait disposé à le croire (1). C'est ainsi, par exemple, que dans la *Chronique de Saint-Gall*, écrite, vers 884, en partie d'après les souvenirs d'un vétéran du nom d'Adalbert, qui avait fait les campagnes de Charlemagne, les faits prennent déjà un caractère fabuleux et les hommes des proportions surnaturelles. Eischer de Durgowe vaut à lui seul une armée; l'empereur, après avoir vaincu les Huns, fait couper la tête à tous les enfants

---

(1) On peut voir dans les *Études historiques et critiques sur les origines du christianisme*, par M. A. Stap, 1re Étude, des exemples frappants de la rapidité avec laquelle la légende naissait et s'imposait à la croyance générale dans l'antiquité, surtout aux époques de fermentation religieuse.

qui dépassent la hauteur de son épée; un guerrier franc, dans l'expédition contre les Slaves, enfile à la pointe de sa lance, comme des grenouilles, *ut ranunculi*, huit ou neuf hommes, et les porte deçà delà, embrochés et murmurant des paroles qu'il ne comprend pas, *perforatos et nescio quid murmurantes*. Nous voyons même le mythe historique se produire, du moins en germe, pour ainsi dire sous nos yeux, parmi des populations intelligentes, mais peu civilisées, chez qui une vive exaltation patriotique s'unit à une certaine ignorance et à une grande crédulité (1). De nos jours on a pu observer la naissance de ces premiers éléments de l'épopée dans un pays retombé, en quelque sorte, au

(1) La légende se forme principalement chez les populations isolées, dont la culture intellectuelle n'est pas supérieure à celle des peuples primitifs. On pourrait en citer d'innombrables exemples. M. Élisée Reclus rapporte que sur le littoral des landes on lui racontait qu'un navire échoué sur cette côte, à la fin du siècle dernier, avait englouti Louis XVI et toute la famille royale, et que dans les Basses-Alpes un jeune chasseur, aussi intelligent que dépourvu d'instruction, lui parlait de la reine Jeanne de Naples, femme de Robespierre.

temps de sa civilisation primitive, dans la Grèce moderne à l'époque de la guerre de l'indépendance. Comme le remarquait M. Edgar Quinet, « à presque tous les Clephtes contemporains sont attribuées des actions surhumaines. Que manquait-il à Karaïskaky, à Botzaris, à Tzamados, à Nikitas le Turcophage, pour devenir autant de types généraux ? Ils conversent avec leurs sabres, avec les têtes coupées, avec le fleuve qu'ils traversent, avec les montagnes qu'ils gravissent ; des oiseaux aux ailes d'or leur parlent un langage magique ; souvent un seul accomplit des prodiges pour lesquels suffirait à peine une armée entière. » Dans ces chants, productions instinctives des croyances populaires, les faits réels prennent déjà, on le voit, les teintes merveilleuses de la fiction héroïque.

Une fois le mythe historique créé de la façon que nous venons d'esquisser, la série des transformations que subit ordinairement la tradition épique n'est pas encore terminée. En effet, elle se modifie constamment, aussi longtemps qu'elle reste vivante, c'est à dire tant qu'elle correspond aux croyances, aux sentiments qui l'ont fait naître et qu'elle ne prend pas une forme définitive. La matière poétique, si on peut s'exprimer ainsi, demeure en fusion et amalgame les éléments divers qu'elle reçoit en un métal unique et splendide, dont plus tard se formera sous la main du poète élu la grande épopée nationale. C'est pendant cette époque de préparation que se produisent ces changements dans les noms de lieux et de personnes qui déroutent si fréquemment les recherches de l'érudition, c'est alors que des courants de légendes, de *sagas*, venus de points souvent très éloignés, se rejoignent et se mêlent, tantôt de façon à ce qu'on puisse encore distinguer leur origine différente, tantôt d'une manière si intime qu'ils sont complétement confondus dans une véritable unité poétique. C'est alors aussi que de nouveaux personnages viennent peu à peu enrichir le tableau et compléter les péripéties de l'action. Enfin le mythe religieux arrive à se combiner avec le mythe historique et donne à celui-ci une portée théologique ou morale qu'il n'avait pas d'abord. Cette intervention du merveilleux, dont on a fait, non sans raison, l'un des principaux caractères de l'épopée, demande quelques explications.

Le développement des mythes religieux et des poésies qui les ont exprimés, semble avoir suivi à peu près l'ordre suivant, non chez chaque peuple, mais dans l'humanité : l'homme, frappé de terreur ou ému de reconnaissance à la vue des phénomènes tantôt terribles tantôt bienfaisants de la nature, s'est pris à adorer et à implorer ces forces inconnues si écrasantes pour sa faiblesse. Quand il entendait gémir le vent et gronder le tonnerre, quand il voyait le feu du ciel jaillir des nuées et celles-ci, semblables à des monstres effroyables, courir au dessus de sa tête, poursuivies par la tempête, il s'imaginait que c'étaient les manifestations d'êtres célestes, tantôt irrités, tantôt apaisés, mais dont dépendait sa sécurité, sa vie (1). Plus tard, distinguant chaque ordre de phénomènes, il a rapporté ceux-ci à des êtres surnaturels régnant en maîtres absolus chacun dans son domaine propre : ainsi se sont formés les dieux élémentaires, le ciel, la terre, la mer, le soleil, etc. Peu à peu, comme on attribuait à ces divinités de la nature une influence bonne ou mauvaise, soit sur la vie de l'individu, soit sur les destinées de la nation, on leur a prêté les sentiments de l'homme, ses facultés et même ses formes extérieures : c'est à cette période du développement du mythe qu'appartiennent les mythologies indiennes, grecques et germaniques. Mais l'esprit humain ne s'arrête pas là :

(1) « Les croyances nouvelles, dit M. Louis Enault dans son charmant ouvrage sur la Norwége, n'ont pas encore effacé l'impression des superstitions antiques. Si quelque bruit inaccoutumé trouble le silence des nuits, le paysan se dit tout bas : « C'est Odin qui passe ! » Si le vent pleure et gémit le soir dans les sapins : « C'est la chasse d'Odin qui poursuit les loups. » Nous sommes surpris que M. Enault ait pris au sérieux l'évhémérisme naïf de *Saxo Grammaticus* et des anciennes histoires de Norwége qui font d'Odin un personnage réel et un allié de Mithridate.

par l'idée de subordination nécessaire des divinités diverses à un maître unique, et par la notion de cause et d'effet appliquée au problème de l'origine des choses, il s'élève enfin au principe d'un dieu unique, créateur ou tout au moins ordonnateur de l'univers et dispensateur des biens et des maux.

De ces trois moments de l'évolution religieuse, le second seul est propre à favoriser la formation de la tradition épique. Quand l'homme n'adore que les éléments, l'ordre de croyances qui résulte de ce culte ne peut créer des figures assez nettement déterminées pour prendre place dans l'épopée. Si, au contraire, il s'élève à la notion d'un être suprême, tout-puissant et infini, cette idée est trop grande, trop sublime pour pouvoir entrer dans la trame des fables héroïques. Ainsi d'une part, le ciel, la mer, les éléments ne peuvent jouer un rôle individuel dans l'épopée que sous la forme de figures anthropomorphiques, forme abstraite à laquelle les peuples primitifs n'arrivent pas tout d'abord ; et d'autre part, une religion qui n'admet point que Dieu ou ses attributs s'incarnent dans la nature ou dans l'humanité, ne peut évidemment fournir des personnages divins aux compositions épiques. Au contraire, le polythéisme grec ou germanique, avec son peuple varié de dieux et de déesses, symboles non point abstraits, mais réels et vivants, prépare à l'épopée tout un personnel de figures tour à tour majestueuses, touchantes ou terribles, prêtes à descendre de l'Olympe pour entrer de plain-pied dans l'action du poème.

S'opposant tous deux à la production d'un véritable merveilleux, le fétichisme et le monothéisme sont donc également peu favorables à la poésie épique. Aussi, chez les peuplades qui ne se sont pas élevées au dessus du culte de la nature, ne trouve-t-on que quelques rudiments de poésie grossière, et les nations qui ne croient qu'en un seul Dieu peuvent bien produire des épopées artificielles aux époques littéraires, mais non des épopées naturelles aux époques primitives. L'exemple des Juifs, peuple monothéiste par excellence, le prouve (1). Les Grecs, au contraire, qui ont poussé la mythologie anthropomorphique au plus haut degré de perfection, sont aussi ceux qui ont produit la poésie épique la plus admirable.

Quand un peuple attribue à ses divinités la forme humaine, il est facile de comprendre comment, à une époque où la distinction du

---

(1) On pourrait objecter que les démons, personnifications du bien et du mal, auraient pu intervenir dans une épopée juive, comme ils le font dans le *Paradis perdu*. En effet, même les livres antérieurs à la période persane connaissent des personnages célestes qu'ils nomment *messagers de Dieu*, *fils de Dieu* (*Genèse*, VI, 2 ; XVI, 7 ; XVIII, 2 ; XIX, 1. — *Exode*, XXIII, 20, 21. — *Josué*, V, 13, 14, etc.). Ils parlent aussi d'anges qui, sans être mauvais par essence, comme ceux de la démonologie ultérieure, ont pour fonction spéciale d'instiguer au mal et d'être les ministres des vengeances divines (I *Samuel*, XVI, 15. — II *Samuel*, XXIV, 16. — I *Rois*, XXII, 20-22). En Judée, comme chez les autres peuples, l'imagination populaire avait peuplé les lieux retirés et les ruines d'esprits malfaisants et de spectres, et avait enfanté des traditions merveilleuses (*Levit.*, XVI, 8-10, 21 ; *Isaïe*, XIII, 21 ; XXXIV, 14). Un autre élément épique aurait encore

naturel et du surnaturel n'est pas encore nettement perçue, le mythe religieux et le mythe historique viennent à se réunir, et comment le polythéisme introduit ses dieux-hommes à côté des hommes-dieux de l'épopée. D'ordinaire les héros sortent du sang de quelque divinité : Achille est fils de Thétis, Énée l'est de Vénus, Sigurd descend en ligne directe d'Odin, Hélène est fille de Jupiter. Brunhild est une Walkyrie. Souvent les dieux interviennent dans les combats, soit pour protéger les héros

pu être fourni par les dieux des nations étrangères, qui semblent avoir été considérés parfois, surtout primitivement, comme des êtres réels en lutte avec le Dieu national, Jéhovah. On ne peut donc contester l'existence, chez les Juifs, des germes de l'épopée. Mais il n'en est pas moins certain que le dogme de l'unité divine a empêché ces germes de se développer et ces traditions poétiques de devenir assez arrêtées pour constituer un poème. Peut-être aussi faut-il ajouter, et sans trop le regretter pour lui, que le Sémite n'avait pas la tête épique.

On pourrait objecter aussi que Firdousi ne croyait qu'au Dieu unique du Coran. Mais le *Shah-Nameh* contient les anciennes traditions de l'Iran et respire encore tellement le mazdéisme, qu'on a mis en doute l'orthodoxie musulmane de son auteur.

qu'ils chérissent, soit même pour frapper ceux dont ils veulent la perte. Neptune, Vénus, Mars lui-même combattent dans les plaines de Troie, et Odin lutte contre Sigmund, le père de Sigurd. Fréquemment les armes que portent les principaux personnages ont une origine divine : celles d'Achille sont l'œuvre de Vulcain, et la bonne épée que porte Sigurd est forgée avec les débris du glaive d'Odin. Ainsi, les figures divines se mêlant sans cesse dans une action commune, le merveilleux pénètre l'épopée tout entière, non point par suite de quelque dessein préconçu, mais par l'effet naturel des croyances générales.

Parfois aussi le héros épique prend, peu à peu, les attributs de quelque divinité morale ou astronomique. Tacite rapporte dans la *Germanie* que les Germains chantaient « dans des vers antiques, leur seule histoire, » l'origine et la filiation de leurs dieux et qu'en marchant au combat ils célébraient le dieu de la guerre, et il dit aussi dans les *Annales* que les barbares chantaient encore les hauts faits d'Arminius. Voilà donc deux espèces de traditions et de poésies : les unes mythologiques, les autres historiques. Mais séparées d'abord, elles finissent par se confondre. La conception anthropomorphique de l'une des facultés de l'âme ou de l'un des phénomènes de la nature s'introduit dans la tradition héroïque à laquelle elle donne une physionomie et une portée nouvelles. Le mythe qui préexistait dans la foi nationale vient féconder la légende. L'homme réel qui a vécu, déjà grandi jusqu'aux proportions du surnaturel par l'imagination et la vanité nationales, devient un être surnaturel, un fils de dieu, sous l'action des idées théologiques (1). Ces transformations successives étant l'effet d'une disposition naturelle de l'esprit humain, on voit d'où vient que les personnages aux-

(1) Tacite constate ce fait chez les Germains. Il dit en parlant de Véléda : « Ea virgo nationis Bructeræ latè imperitabat, vetere apud Germanos more, quo plerasque feminarum fatidicas et augescente superstitione, arbitrantur deas. » *Hist.*, IV, 61.

quels elles donnent naissance présentent partout des traits à peu près communs, que l'érudition contemporaine s'efforce de mettre en relief. C'est ainsi, par exemple, qu'on pourrait expliquer les rapports que quelques auteurs (1) prétendent découvrir entre le héros indien Karna descendant du dieu du soleil et Sigurd, descendant d'Odin, dont le soleil est l'œil, en se rappelant toutefois que dans l'état actuel de la science ces rapports ont encore besoin de confirmations nouvelles.

Ce qui précède montre comment la saga épique a ses origines à la fois dans le mythe et dans l'histoire. L'homme réel, qui a vécu transformé par la légende, peut devenir le héros épique. Mais il n'y a point d'exemple, c'est Grimm qui l'affirme, qu'un Dieu soit devenu un héros. Au contraire, ce qui arrive fréquemment, c'est qu'un personnage historique pé-

---

(1) *Holzmann*, Untersuchungen über bas Nibelungen-lied. — *Leo*, Vorlesungen über die Geschichte des deutchen Volkes.

nètre dans le mythe et y tienne la place d'une divinité. Ainsi l'on sait que la tradition, partout répandue, de la chasse infernale est un mythe élémentaire de la plus haute antiquité, et qui remonte au temps où les hommes primitifs croyaient entendre et voir dans les nuages chassés par la tempête mugissante, une divinité céleste poursuivant les grands fauves des forêts. Cette tradition se conserve de siècle en siècle dans l'imagination populaire. Le thème reste le même, seulement un personnage contemporain prend la place du dieu ancien. Celui qui conduit la chasse infernale, ce n'est plus Odin, c'est Henri IV ou Gustave-Adolphe. L'imagination populaire confond ainsi les éléments mythiques et les éléments historiques dans une saga, dans une tradition, où ils se trouvent si intimement unis que l'érudition la plus sagace ne parvient presque plus à les discerner (1).

(1) On montre dans l'église de Xanten une statue du moyen âge représentant un guerrier les pieds appuyés sur un dragon. Ce guerrier est, suivant la tradition de l'église de Xanten,

Quand les différentes parties de la tradition épique forment déjà une action qui a son exposition, ses péripéties et son dénoûment, souvent il arrive que cette action est encore remaniée jusqu'à ce qu'elle réponde à quelque croyance populaire ou à quelque loi morale. Cette croyance ou cette loi imprime à l'œuvre du génie national une unité si grande et un sens si déterminé, qu'on est parfois tenté de l'attribuer aux combinaisons réfléchies d'un poète. L'épopée devient alors le vaste et magnifique développement d'une conception très simple de la pensée populaire. C'est ainsi, par exemple, que la donnée de l'ancien cycle de Sigurd était l'idée que la possession d'un tré-

saint Victor, un chef d'armée romain, converti au christianisme et tué par les païens aux environs de la ville, vers la fin du troisième siècle. Mais d'après la légende populaire, la statue représente Siegfrid vainqueur du dragon Fafnir. La synonymie des deux noms Victor et Siegfrid (le victorieux, de *sieg*, victoire) a sans doute donné lieu à la confusion de deux personnages légendaires, et la statue aura été conçue d'après la légende.

sor porte malheur à ceux qui s'en emparent ou qui le convoitent. La notion d'une loi fatale qui domine toute l'action et qui entraine les personnages à leur perte est exprimée avec d'autant plus de force que l'œuvre est plus ancienne. Dans le vieil Eschyle, tout plein du sentiment des antiques traditions, un destin inexorable précipite la marche des événements. Dans Homère, le dénoûment est fixé d'avance par la volonté immuable des dieux : Achille sait qu'il doit succomber sous les murs d'Ilion. Quand les Nibelungen traversent le Danube, les filles des eaux prédisent à Hagene que nul d'entre eux ne repassera le fleuve. Ces exemples montrent comment, aux yeux des populations primitives, une nécessité de l'ordre moral ou religieux imprimait à la légende une forte et solennelle unité qui préparait celle du poème.

Pendant que s'opèrent ces différentes élaborations du sujet de la tradition, la forme des chants qui la contiennent subit aussi quelques changements. D'abord ceux qui ne rappellent que des circonstances indifférentes ou qui n'ont point frappé l'imagination de la foule sont bientôt ensevelis dans l'oubli. Ceux au contraire que le peuple retient et qui conservent les traits marquants de l'action se groupent, se combinent et peu à peu se distribuent en épisodes assez intéressants en eux-mêmes pour exciter, et point assez longs pour fatiguer l'attention pendant la séance d'un jour de fête ou de banquet. La chanson de guerre primitive, qui était brève, animée, lyrique, destinée à être répétée au moment de la bataille, devient ainsi un récit dont la marche est paisible, dont toutes les circonstances sont mises en relief et qui est destinée à charmer l'oreille d'une réunion attentive (1). Les divers épisodes sont enchaînés les

(1) Les poésies saxonnes que le roi Alfred récitait étaient, d'après les premiers historiens, des poèmes de ce genre. Asser, chroniqueur du neuvième siècle, en parle ainsi : « Saxonica poemata die noctuque solers auditor relata aliorum sæpissimè audiens docibilis memoriter retinebat. » Ailleurs, il est vrai, il parle aussi de *carmina*, et ce mot semble signifier des chants populaires : « Et Saxonicos libros recitare et maxime carmina Saxonica memoriter discere non desinebat. »

uns aux autres par le lien d'une action générale ; ils forment les parties d'un ensemble dont les traits principaux et le dénoûment sont connus des auditeurs. Après ce remaniement, l'époque de préparation est terminée (1) **La matière épique est prête, elle n'attend plus que l'artiste qui doit la mettre en œuvre, le poète qui, portant en lui le génie de sa nation, donnera à la légende sa forme définitive.**

La tradition héroïque n'a point passé partout par les différentes phases que nous venons d'indiquer. Ici, c'est le fond même, le sujet ; là, c'est la forme, les chants qui ont échappé à l'une ou l'autre de ces élaborations. En Es-

(1) Souvent des œuvres préparatoires, des ébauches d'épopée préparent l'œuvre dernière qui rejette plus tard toutes les autres dans l'oubli. C'est ainsi que le *Mahábhárata*, qui contient 200,000 vers, parle d'une première recension qui n'en avait que 8,000. Le *Shah-Nameh* de Firdousi a été précédé par un recueil plus ancien des traditions persanes, de même qu'avant Homère le cycle de la guerre de Troie formait déjà un ensemble épique. Il est également certain qu'il a existé sur les traditions des Nibelungen un poème antérieur à celui que nous possédons.

pagne, par exemple, le merveilleux n'a presque point pénétré dans les cycles des romances historiques. Dans la Grèce moderne, les traditions de la lutte de l'indépendance sont restées sous forme de chants populaires, les conditions nécessaires pour la formation de l'épopée ne s'étant point rencontrées. En France, au moyen âge, le merveilleux ne s'est mêlé aux souvenirs épiques que sous l'influence de l'Église. Il en est résulté qu'au lieu de leur communiquer un sens plus élevé en rapport avec les données premières, il en a émoussé toute la vigueur par une couleur monastique en opposition complète avec les mœurs héroïques, comme on peut s'en convaincre en comparant l'ancienne *Chanson de Roland* avec la *Chronique de Turpin* et avec les romans ecclésiastiques sur Charlemagne. Dans le *Râmâyana* et le *Mahâbhârata*, les mythes religieux ont absorbé si complétement les traditions historiques, que les personnages de l'épopée ne sont plus, pour ainsi dire, que des symboles théologiques, et l'action, que le développement de systèmes philosophiques. En Allemagne, au contraire, quand la tradition a pris la forme du *Nibelunge-nôt*, le christianisme ayant définitivement banni les anciens dieux et les antiques croyances de la Germanie, on ne retrouve plus dans ce poème que la trace presque effacée des mythes primitifs. En Grèce seulement, tout s'est réuni pour favoriser la production d'une belle œuvre. La tradition est arrivée à maturité quand le polythéisme hellénique, si favorable aux créations de l'épopée, était encore dans toute sa jeunesse, dans toute sa puissance, et avant que ses mythes se fussent transformés, comme durant la période alexandrine, en conceptions métaphysiques. Les croyances religieuses et les souvenirs historiques, harmonieusement associés, étaient restés vivants dans l'âme du peuple et y entretenaient une sorte d'enthousiasme mystique et national : les éléments humains et divins s'étaient mêlés dans une exacte proportion, sans que les uns étouffassent les autres. Si l'on songe d'ailleurs que ce peuple privilégié avait plus que nul autre le sentiment de la mesure, de la convenance, de la poésie et du beau sous toutes ses formes, on entreverra quelques-unes des causes qui ont permis à la Grèce de créer un poème si supérieur, comme œuvre d'art, aux épopées nationales des autres pays.

Il y a encore une phase particulière du développement de la poésie épique au moyen âge qu'il faut indiquer ici, parce qu'elle explique en partie l'infériorité relative des productions de cette époque, y compris le *Nibelunge-nôt*. En Grèce, les légendes se sont conservées par le chant sans le secours de l'écriture, et c'est dans cette source vive que le poète a puisé ses inspirations. Au moyen âge, il n'en fut pas de même. Les auteurs de romans et de chansons de gestes ont bien pu s'inspirer aussi parfois de la tradition orale, mais ils avaient souvent recours en même temps à des documents écrits en langue vulgaire ou à des chroniques rédigées en une langue morte, en latin, ce qui devait encore plus refroidir leur verve (1). Les preuves de ce fait abondent : un grand nombre de poèmes du moyen âge indiquent les sources écrites d'où l'auteur a tiré son sujet (2). D'ail-

(1) D'après un passage d'Asser que nous avons reproduit plus haut, Alfred ne cessait pas de réciter des livres saxons, *Saxonicos libros*, qui reproduisaient les sagas héroïques. Charlemagne fit mettre par écrit les sagas germaniques, et Louis le Débonnaire, dans sa vieillesse, n'osait plus *lire* les *gentilia carmina*, par scrupule religieux.

(2) En voici quelques exemples. Dans le *Gérard de Roussillon*, en provençal, on trouve : « Aisi cum ditz l'escrits que es el mostiers. » L'auteur du *Gérard*, en langue d'oil, critique le poète provençal en ces termes :

« Ancor dit moult de choses qu'il baille por notoires,
Que selon le latin je ne treuve pas voires. »

L'auteur du *Roman de Fierabras* appelle les « clergues, moines et prestres » en témoignage de la vérité de son récit, dont

« A San Denis e Fransa fo lo rolle trobatz. »

Le *Roman de Roncevaux* invoque plus d'une fois les autorités écrites :

« Il est escrit as Set-Sains en Bretagne...
Il est escrit au Saint-Denis moutier... »

Orderic Vital nous dit que les moines avaient composé une relation de la vie de Guillaume au Court-Nez, si célèbre dans les romans, et il ajoute que le récit des religieux, *relatio*

leurs, à défaut de toutes ces preuves, une seule suffirait, le nom que prit l'épopée à cette époque. Ce nom, *roman*, signifie traduction (1), version en langue romane, de même que les écoliers disent le *français* de Cicéron ou de Virgile. Il marque le moment où la tradition héroïque sort des couvents dans lesquels elle s'était conservée en langue latine, comme le mot légende indique l'instant où la tradition est entrée dans le cloître, où elle a cessé d'être transmise oralement et où elle a dû être lue, *legenda*.

Voici donc un fait incontestable et unique

---

authentica, est beaucoup plus exact que les chants vulgaires, *cantilenæ*. Le *Waltharius manu fortis* est un ancien chant germanique traduit en latin par un moine de Saint-Gall. La *Klage*, suite et résumé du *Nibelunge-nôt*, invoque aussi une recension latine. J'abrége ces citations, qu'il serait facile de multiplier.

(1) Cette étymologie est certaine. En espagnol, dès le quatorzième siècle, *romanzar* signifie traduire, comme le prouve le titre suivant, qui date de 1389 : « El libro de Caliba, que fue sacado de arabigo, en latin romanzado, por mandado del Infante Alfonso. » En provençal, le mot est pris dans le même sens.

dans l'histoire de l'épopée : la tradition héroïque entre dans les monastères sous forme de chants populaires; elle s'y fixe sous forme de prose latine ou de vers latins; elle en sort sous forme de roman en langue vulgaire.

Il n'est pas difficile d'expliquer comment cette phase s'est accomplie. Dès le huitième et le neuvième siècle, mais principalement aux approches de l'an mil, une tristesse profonde s'était emparée d'un grand nombre d'hommes mêlés aux affaires du monde et les avait poussés à chercher dans les cloîtres le repos et l'espérance. Parmi ces hommes il s'en trouva beaucoup qui, se rappelant le passé, se plurent à répéter les faits auxquels ils avaient assisté ou les chants historiques dont ils avaient conservé le souvenir. A ces récits, l'imagination de quelque moine latiniste s'éveillait; rentré dans sa cellule, il pensait à ce qu'il venait d'entendre ; il le gravait dans sa mémoire, puis l'écrivait soit en prose, soit en vers latins. Quand ensuite il rédigeait la chronique du couvent, il y intercalait quelques fragments de ces narrations déjà à moitié mythiques, ou même des parties de ces chants héroïques qu'il avait traduits, et il composait ainsi des histoires où venaient se confondre les événements réels et les fictions de la poésie.

C'est en général dans les couvents, grâce aux longs loisirs et aux heures uniformes, que sont nés ces poèmes bizarres où les souvenirs de l'antiquité se mêlent aux croyances naïves du moyen âge et où les créations d'Homère et de Virgile s'amalgament avec les idées chrétiennes. Dans ces paisibles retraites s'opéra le mélange des chants épiques de Rome et de la Grèce et des chansons populaires venues des Pyrénées et du pays de Galles. Là se sont développés les germes bretons de la plupart des romans de la *Table ronde* et du *Saint-Graal*, comme on le voit par les récits du moine cambrien Nennius, qui, dès le neuvième siècle, fait d'Arthur, cette figure mythologique des anciens bardes, un fils soumis de l'Église et de la

Vierge. Là sont nés l'*Alexandre chevalier*, l'*Alexandre chrétien*, le *Voyage de Charlemagne à Jérusalem*, le *Brut d'Angleterre*, le *Faux Gildas*, *Merlin* et ses prophéties, et cette étrange histoire de Raymond de Bousquet, roman provençal dont Fauriel a retrouvé le sujet et qui n'est autre chose que l'histoire d'Ulysse, mais d'un Ulysse chrétien qui fait la guerre aux Berbères et qui contribue à la victoire de Djebal remportée par le comte don Sanche de Castille sur Mohamed-el-Madhi en 1009. Là aussi se développent les légendes des saints guerriers, comme saint Martin et saint Georges, qui remplacèrent les héros de l'époque païenne. La poésie épique de l'Italie sort également du couvent, car c'est dans les monastères que fut composé en latin ce curieux récit qui, traduit en italien sous le nom de *Reali di Francia*, a fourni les sujets de tous les poèmes chevaleresques de l'Italie, du quatorzième au seizième siècle.

C'est donc en grande partie dans ces productions singulières de l'imagination monastique que les poètes du moyen âge devaient puiser leurs inspirations. La source vive de la poésie et de la tradition populaires était presque tarie pour eux. Ils n'avaient à leur service qu'une langue en voie de formation et composée d'éléments disparates non encore fondus ensemble. Ils se trouvaient d'ailleurs sous l'influence des idées chrétiennes, peu favorables aux sentiments violents de vengeance et de bravoure, d'amour et de jalousie, ressorts habituels de la vie barbare et des épopées nationales. Les hommes éminents, les génies qui auraient pu devenir de grands poètes, dédaignaient la langue et les légendes du peuple, écrivaient en latin et se vouaient tout entiers à l'étude de la théologie. Toutes ces circonstances réunies expliquent suffisamment comment la matière épique répandue si abondamment dans tous les pays de l'Europe depuis la chute de l'empire romain n'a nulle part trouvé un Homère, pas même pour chanter la catastrophe tragique des Nibelungen ou la mort sublime de Roland, deux scènes qui, considérées en elles-mêmes, surpassent comme effet dramatique toutes celles de l'Iliade.

D'après ce qui précède, on peut résumer en quelques mots la marche que suit le développement de la tradition sous l'empire des lois générales qui président au progrès de l'esprit humain. Un fait se produit dans le monde réel, un grand homme ou une grande catastrophe ébranle fortement l'imagination d'un peuple : c'est le germe primitif de l'épopée, c'est le noyau historique autour duquel viennent se superposer, par couches de couleurs variées, les dépôts successifs de l'imagination populaire suivant un mode de formation lent et graduel qui fait penser à celui des agates dans l'ordre physique. L'enthousiasme et les autres facultés poétiques propres à la jeunesse des peuples transforment peu à peu la tradition, d'après les croyances, les sentiments et l'idéal de chaque race. Le mythe historique se forme : le grand homme réel devient le héros de l'épopée. Bientôt le merveilleux intervient : les personnages mythologiques se mêlent à l'action, les figures symboliques des forces de la nature ou des attributs divins, ayant pris des formes humaines, entrent dans la tradition. Sous l'influence d'une conception morale, celle-ci tend à constituer un ensemble qui, distribué en épisodes, présente une trame suivie et offre un intérêt soutenu. La saga reste à l'état fluide pour ainsi dire. Elle se développe, elle se transforme, d'après les croyances des générations; semblable à un fleuve qui reçoit dans son cours cent affluents différents de teinte et de composition, elle réunit en un tout des légendes divines et humaines, historiques et fabuleuses, parties des quatre points de l'horizon, et émanées de vingt tribus différentes, tantôt absorbant une tradition nouvelle, tantôt rejetant une tradition ancienne, tour à tour admettant des personnages récents et en oubliant d'autres plus anciens dont le souvenir commence à baisser.

Des transformations analogues ont lieu dans les compositions poétiques, transmises oralement de génération en génération et sans cesse remaniées. Les premiers chants historiques, très brefs et destinés à être répétés pendant les combats et les fêtes, s'étendent, se confondent et forment un cycle en se groupant autour d'un nom ou d'un fait dominant. Après avoir traversé toutes ces phases successives, la matière épique arrive enfin à terme. Surviennent les ordonnateurs, les poètes, et l'épopée naît plus ou moins parfaite, suivant que les circonstances sont plus ou moins favorables au développement harmonieux des éléments de la fiction héroïque, à l'inspiration de l'auteur et à l'application des règles du goût et du beau littéraire (1).

(1) M. Adolphe Pictet, à propos des poèmes homériques, résume parfaitement le mode de formation de ces épopées : « Dès qu'il se produit dans la vie nationale quelque grand et glorieux événement, les chanteurs sont à l'œuvre pour le célébrer en détail d'abord, et en le suivant dans ses péripéties successives. Il se forme ainsi une première collection de

Après avoir indiqué les sources et le mode de formation de l'épopée en général, il nous reste maintenant à examiner jusqu'à quel point cette théorie est confirmée par l'étude des origines du *Nibelunge-nôt*.

chants épiques improvisés et retenus facilement, à cause de leur peu d'étendue. Ces chants sont simples, naïfs, vrais avant tout, et l'art s'y montre à peine. Quelques-uns cependant se distinguent des autres soit par un mérite supérieur, soit par l'intérêt plus vif de leur sujet. Ceux-là se transmettent et se conservent, les autres tombent bientôt dans l'oubli. Un second travail commence alors, un travail d'extension et de perfectionnement. Sans perdre leur caractère primitif de vérité naïve, les récits s'allongent, les motifs se développent, les descriptions se déplacent, la poésie se revêt d'images, et l'art commence à se montrer dans l'agencement de l'action. On voit naître et se former ainsi un cycle de petits poèmes narratifs reliés entre eux par l'unité, tous animés par une même inspiration, l'inspiration commune de la muse nationale, tous revêtus des mêmes formes, formes nées spontanément avec la poésie elle-même, perfectionnées, assouplies et devenues typiques par un constant usage. Tout est prêt alors pour la naissance de l'épopée proprement dite, et si quelque génie plus puissant, nourri de cette forte substance de la poésie nationale, saisit l'idée de réunir les matériaux tout préparés pour la construction de l'édifice, celui-ci ne tarde pas à s'élever dans sa majestueuse grandeur. » *Bibl. universelle de Genève*, t. XXX, année 1855.

II

A propos d'une édition du *Nibelunge-nôt*, publiée en 1827 par Karl Simrock, Goethe a tracé en quelques lignes le programme des questions que soulève l'examen de ce poème. Nous essaierons de les traiter en suivant à peu près l'ordre qu'indique le grand poète, qui était aussi un critique éminent très versé dans l'histoire des origines de la littérature allemande.

L'œuvre, dans la forme où elle nous est parvenue, date, suivant Lachmann, des premières années du treizième (1) et, d'après d'autres érudits, de la fin du douzième siècle. Elle fut rédigée par conséquent à l'époque des Hohenstaufen, quand les lettres, les arts, l'architec-

(1) Lachmann fixe la publication du poème vers l'an 1210, parce que l'auteur s'est servi des noms de pays Azagouc et Zazamanc qui ne se rencontrent que dans le *Parzival*, où ils ont dû être pris, suivant le savant critique. Mais M. Holtzmann, *Untersuchungen über das Nibelungen-lied*, pag. 82, dit que ces deux noms ont pu être empruntés par Wolfram

ture et le commerce se développèrent sous l'influence des croisades et des relations avec l'Italie et avec l'Orient. Le dialecte souabe, déjà un peu assoupli, était devenu la langue des cours. Les poésies des troubadours, que Frédéric II aimait tant, et les romans en langue d'oc et en langue d'oil avaient répandu le goût des compositions chevaleresques. Aussi quand on eut adouci les traits trop rudes de l'antique tradition des Nibelungen et qu'on l'eut revêtue des couleurs qui charmaient la haute société féodale de l'époque, le poème dut avoir un grand succès. Ce qui semble le prouver, c'est le nombre et la beauté des manuscrits qu'on en a découverts, et dont les plus remarquables, celui de Saint-Gall, les deux de la bibliothèque de Munich, et celui de Lassbergh, que cet ami

von Eschenbach, auteur du *Parzival*, à des sources antérieures qui nous sont restées inconnues. En tout cas, la mention qui est faite de Vienne comme d'une ville riche et importante ne permet pas de reculer la composition du poème dans *sa forme actuelle* avant le douzième siècle, car ce n'est que du milieu de ce siècle que date le développement de cette ville.

enthousiaste des lettres fit transcrire dans une salle de son château, ont été écrits au treizième siècle. Indépendamment de ces quatre manuscrits, on en a retrouvé encore seize autres contenant, soit le poème en entier, soit seulement des fragments. Parmi ceux-ci, il en est un en flamand, de la fin du treizième siècle, découvert à la bibliothèque de Gand, dans la couverture d'un vieux volume relié, preuve nouvelle de la vogue qu'obtint l'œuvre dans tous les pays de langue germanique.

La question de savoir qui est l'auteur du *Nibelunge-nôt* et où le poème a été composé, a donné lieu à de longs débats qui révèlent une ingénieuse érudition, mais qui n'ont abouti à aucun résultat positif. Quelques auteurs ont mis en avant un nom propre, Heinrich von Ofterdingen, qui, d'après les uns, aurait appartenu à une famille patricienne de Mayence, et d'après les autres, à une maison autrichienne ; d'autres critiques ont soutenu que l'auteur devait avoir vécu dans les pays qui bordent le

Danube, parce que dans le récit du voyage de Kriemhilt vers la cour d'Etzel, toutes les étapes sont décrites avec une exactitude géographique qui révèle un habitant de la contrée. Mais le savant Lachmann, esprit profond et caustique, se moque de ces hypothèses, peu justifiées à son avis, car, dit-il, on attribue à un personnage, qui est presque un mythe, une composition qui ne peut être l'œuvre d'un seul poète.

Il est arrivé pour l'auteur du *Nibelunge-nôt* ce qui avait eu lieu dans l'antiquité pour celui des poèmes homériques. A défaut d'indications positives, chaque pays de l'Allemagne a revendiqué tour à tour l'honneur d'avoir donné le jour au créateur de l'œuvre dont s'enorgueillissait la race entière, mais jusqu'à présent aucun d'eux n'a pu établir ses titres à cette glorieuse paternité. D'après l'éminent critique que nous venons de citer, l'obscurité qui couvre le berceau du poète s'expliquerait facilement, et il serait même inutile de chercher à en pénétrer le mystère. Appliquant le système de Wolf dans toute sa rigueur, Lachmann prétend que le *Nibelunge-nôt* n'est pas l'œuvre originale d'un poète inspiré, mais qu'il est formé de l'assemblage de vingt chants anciens, conservés par la tradition populaire, réunis avec une certaine habileté et coupés en trente-neuf aventures, comme nous le voyons actuellement. Ce travail de compilation exigeant peu de génie et ne différant guère des éléments préexistants, il ne faut point s'étonner si celui qui l'a accompli ne s'est pas acquis assez de gloire pour que son nom soit arrivé jusqu'à nous.

Développée avec une finesse d'aperçus et une abondance de remarques critiques de nature à frapper l'esprit, l'opinion de Lachmann fut adoptée et défendue par une école nombreuse, et acceptée presque généralement par le public lettré comme une vérité démontrée. Elle s'appuyait principalement sur certaines contradictions contenues dans le récit, notamment touchant l'âge de Kriemhilt et de Dankwart, sur les oublis de l'auteur concernant quelques personnages importants, sur la différence de ton des diverses parties de l'œuvre, enfin sur l'opposition qu'on peut remarquer entre certaines strophes très énergiques et réellement belles provenant des chants primitifs, et d'autres strophes plates et vulgaires, simple remplissage destiné à relier les parties anciennes entre elles.

Le système de Lachmann qui, dès qu'il parut en 1816, souleva une opposition assez vive, mais trop superficielle, a rencontré en ces derniers temps des contradicteurs ardents, convaincus et érudits, qui n'ont pas craint de suivre l'illustre critique sur son terrain, et de discuter en détail et en pesant pour ainsi dire chaque mot du texte, toutes les preuves que Lachmann invoquait.

L'antique épopée germanique est-elle l'œuvre d'un poète ou n'est-elle que la réunion d'anciens chants reliés les uns aux autres? Y a-t-il un *Nibelungen-lied* ou seulement des *Nibelungen-*

lieder (1)? tel était l'objet du débat scientifique, parfaitement soutenu de part et d'autre, et qui n'est pas encore terminé. Nous ne pouvons entrer ici dans l'examen détaillé de ces recherches parfois minutieuses de l'érudition ; il suffira d'indiquer en quelques mots les conclusions qu'en peut tirer un lecteur impartial.

On ne peut le nier, ce que le système de Lachmann avait d'excessif et de trop déterminé ne semble pas pouvoir résister à la critique à laquelle il a été soumis. On a montré, en effet, qu'il était impossible de distinguer toujours sûrement les chants primitifs des parties qui auraient été ajoutées postérieurement, et de classer exactement les strophes suivant leur origine ; on a fait voir aussi que les contradictions qu'on avait signalées se réduisaient à une

---

(1) Outre les publications citées en tête de cette étude, on peut consulter encore : H. Fischer, *Nibelungen-lied oder Nibelungen-lieder*. — Zarncke, *Beitrage zur erklarung und geschichte der Nibelungen-lieder*. — R. von Lilienkron, *Ueber die Nibelunge Handschrift C*, 1836. — Vilmar, *Reste der alliteration im Nibelungen-liede*, 1856.

ou deux circonstances très accessoires, dont on ne peut inférer légitimement que le *Nibelungen-lied* n'est qu'un assemblage de chants populaires. Enfin, quoique Lachmann soutienne le contraire, l'ensemble du poème révèle, sinon un grand poète, au moins la pensée personnelle d'un auteur qui a rédigé librement et qui a disposé d'après un plan suivi les épisodes que lui livrait la tradition. Il y a, il est vrai, des strophes plus faibles les unes que les autres, et le ton de la première partie n'est pas tout à fait celui de la seconde ; néanmoins, quand on lit le poème entier, il est impossible de ne pas y reconnaître l'intervention d'une même intelligence et d'une même conception.

Toutefois, ces restrictions faites, le fond de l'opinion de Lachmann reste inattaquable. Si le *Nibelunge-nôt* n'est pas un assemblage de chants populaires cousus ensemble par un vulgaire compilateur, il paraît du moins certain que le poète qui a composé ce poème en a puisé les éléments, déjà tout formés, non point dans une tradition vague et informe, mais dans des compositions poétiques antérieures qui étaient peut-être en partie des chansons populaires, mais plus probablement des chants cycliques assez rapprochés de la rédaction actuelle. A-t-il egalement cherché des inspirations dans des *sagas* écrites soit en langue vulgaire, soit en latin comme l'a fait l'auteur de la *Klage?* quoiqu'on n'en ait pas de preuves directes, cela est assez probable, car la *Klage* elle-même est le résumé de la tradition des Nibelungen, faite d'après une recension latine qui différait du poème que nous possédons. L'autorité que l'auteur des *Nibelungen* invoque, ce sont les anciennes traditions « *uns ist in alten mæren wunders vil geseit,* » sans qu'on puisse décider, d'après ces mots, sous quelle forme il a eu connaissance de ces légendes.

Dans ses peintures monumentales de Munich, M. Schnorr a admirablement symbolisé les sources où a puisé l'auteur du *Nibelungenôt*. Il représente le poète ayant à sa droite une jeune fille aux cheveux blonds, couronnée de feuilles de chêne, chantant sur sa harpe les exploits des aïeux, belle, inspirée, semblable à une prêtresse de Teutsch, à Thusvelda, la fiancée d'Herman; à sa gauche, une vieille, un fuseau à la main, toute courbée par l'âge, mais agréable encore, malgré le poids des ans qui semble peser sur elle. La jeune fille, c'est la tradition épique dans toute la fraîcheur de l'inspiration première, c'est la chanson populaire qui, animée par les accords de la musique, remplit tout un peuple d'un juvénile enthousiasme : c'est la *Saga*. La femme âgée, c'est encore la tradition héroïque, mais vieillie, refroidie, devenue un récit en prose qui ne se chante plus aux jours de fête ou de combat, mais que la grand'mère raconte le soir, à la veillée, au coin du foyer : c'est la *Mære* (1). La

(1) Pour sentir combien la figure symbolique dessinée par Schnorr rend bien la pensée, il suffit de se rappeler que le recueil des traditions mythologiques et héroïques des peuples du Nord a pour titre *Edda*, mot qui signifie grand'mère, et sapience dans le sens de connaissance, *proavia* et *sapientia*.

tradition épique sous forme de poésies populaires et sous forme de récits en prose, voilà véritablement la double source d'où est sorti le poème des Nibelungen.

L'étude comparée des littératures primitives de l'Inde et de la Grèce a conduit aux mêmes conclusions.

M. Adolphe Pictet, dans le remarquable travail dont nous avons déjà cité un passage, résume dans les termes suivants les résultats auxquels est arrivée l'étude de l'épopée grecque : « Les poèmes homériques tels que nous les possédons ne sont certainement pas la création immédiate, complète, individuelle, d'un seul et même auteur. Leur base primitive a été un ensemble, très riche assurément, de chants héroïques nationaux, produits anonymes de la muse des aèdes ou chanteurs dans les diverses parties de la Grèce. Ces chants agglomérés, peu à peu réunis en petits poèmes épiques de plus en plus étendus, ont trouvé dans le génie supérieur d'une grande individualité poétique, un

Homère, un *coordonnateur* (1) qui les a élevés en quelque sorte à leur plus haute expression, sans leur enlever leur caractère purement oral et traditionnel. Il faut donc admettre deux forces qui ont concouru à l'achèvement des épopées homériques, l'une de création spontanée et primitive, l'autre d'arrangement réfléchi et subséquent. Ces deux forces, dans leur ensemble, ont été mises en jeu par un effort collectif du génie national grec, ce qui n'exclut pas l'influence prépondérante d'un grand génie individuel immortalisé sous le nom d'Homère. »

Si maintenant on veut analyser ces sources diverses pour les Nibelungen, on n'est pas arrêté par le manque de documents, comme on l'est pour les épopées de l'antiquité. En effet, la tradition héroïque qui fait le fond du *Nibelunge-nôt* est également le sujet de compositions d'une époque

---

(1) L'étymologie généralement adoptée par les hellénistes pour le nom d'Homère la fait dériver des deux mots ὁμ, avec, et ἀρεῖν, arranger, disposer. Il est remarquable que le nom de l'auteur plus ou moins mythique du Mahâbhârata, Vyâsa, ait la même signification.

et d'une nature très différentes, notamment de quinze chants de l'*Edda* de Sœmund qui remonte au onzième siècle, de la *Volsunga-Saga* et de la *Wilkina-Saga*, recueils en prose du douzième et du treizième siècle, de plusieurs *Mœrchen*, entre autres du *Hœrner Syfrid*, qui datent de la fin du moyen âge, enfin des *Sigurdlieder* des îles Faroë qui se chantent encore de nos jours.

De ces curieux monuments littéraires, tous, sauf les moins importants, les *Mœrchen*, sont parvenus jusqu'à nous, en langue scandinave. C'est dans les chants de l'*Edda*, recueillis en Islande, que nous trouvons la tradition épique concernant Siegfrid avec ce caractère de grandeur, d'énergie, de force archaïque qu'elle devait posséder à l'origine. Les guerriers les plus indomptables de la Norwége, fuyant au neuvième siècle le joug du conquérant Harold Haarfagar, avaient fait refleurir, avec une vie nouvelle, dans cette île perdue au milieu des glaces du Nord, les mœurs, les croyances, les souvenirs héroïques de leur race. C'est là que furent rédigés d'abord, avant que l'influence des idées chrétiennes les eût modifiés, les chants antiques qui continuèrent, en Allemagne, à être transmis oralement de génération en génération, mais qui y perdirent peu à peu tous les traits qui rappelaient trop vivement les croyances ou les usages du paganisme germanique. La *Volsunga-Saga*, qui raconte en prose l'histoire de Siegfrid et de ses aïeux les Volsungen, descendants d'Odin, complète les indications de l'*Edda* et paraît avoir été puisée aux mêmes sources. La *Niflunga-Saga*, dans la *Wilkina-Saga*, s'éloigne au contraire des données de l'*Edda* pour se rapprocher de celles du *Nibelunge-nôt*. Dans les *Mœrchen* allemands, la traduction héroïque est rabaissée au niveau des contes d'enfants, et Siegfrid, le demi-dieu des légendes anciennes, le vainqueur du dragon Fafnir, n'est plus tantôt qu'un bon compagnon qui, en apprentissage chez un forgeron, fend les enclumes d'un coup d'épée, tantôt même qu'un bouvier ou un porcher, *quantum mutatus ab illo,* dont un bain dans la boue de la Sala rend la peau dure comme de la corne et invulnérable, et qui acquiert ainsi gloire, richesse et puissance. Les chants des îles Faroë sur Sigurd, Brunhild et Hogni (1), se rapprochent plus de l'inspiration héroïque de l'*Edda,* mais fréquemment la force y dégénère en exagération et le sublime en gigantesque. Les héros n'ont presque plus des proportions humaines : Sigurd, par exemple, déracine des chênes et s'en sert comme d'une massue pour abattre ses ennemis; néanmoins le ton dominant est toujours celui des poésies populaires des cycles épiques du Nord. Tous ces faits prouvent manifestement que les sources du *Nibelunge-nôt,* sont bien, comme on l'a dit,

(1) Ces chants, signalés en 1817 par le candidat en théologie Lyngby pendant une excursion qui avait pour but l'étude de la flore des Faroë, furent publiés par lui en 1822. Depuis lors, C. A. Hammershaimb les a recueillis avec un soin plus grand et une connaissance plus approfondie de la langue.

des chants héroïques, puisque nous possédons une partie de ces chants, dont les uns remontent au huitième siècle, et dont les autres se chantent encore aujourd'hui, mais qui tous célèbrent les héros et les aventures de ce poème.

Maintenant, il faudrait chercher où se sont produits d'abord ces chants, et surtout quelle est la patrie de la tradition, de la saga qu'ils contiennnent. Quoique les compositions les plus anciennes ayant trait aux Nibelungen nous soient parvenues seulement en langue scandinave et portent l'empreinte des mœurs du Nord, elles n'appartiennent pas cependant au peuple qui nous en a conservé le plus ancien souvenir. A cet égard le doute n'est point possible. La *Wilkina-Saga*, dont le récit est presque de tout point conforme à notre *Nibelunge-nôt*, dit en propres termes, dans le prologue, qu'il est composé d'après les informations d'hommes allemands venus de Brême, de Munster et de Sœst, et d'après les anciennes chansons qu'ils se plaisent à répéter. L'auteur islandais invoque ces sources dans plus de douze passages différents ; il affirme que la saga qu'il rapporte est une des plus remarquables que l'on connaisse en Allemagne, et qu'en Saxe chacun raconte ces traditions de la même manière, à cause des anciennes chansons que personne n'ignore. Comme par le terme employé ici, pays des Saxons, on entendait à cette époque non la Saxe actuelle, mais la contrée qui s'étend le long de la mer du Nord, on peut déjà conclure de ces passages que les chants héroïques et la saga appartiennent à l'Allemagne septentrionale et non à la Scandinavie.

Il y a plus : les critiques les plus compétents, W. Grimm et Lachmann en tête, s'accordent à reconnaître dans la tradition épique qui concerne Siegfrid une saga franque qui doit remonter à l'époque où les Francs saliens étaient établis non loin de la mer du Nord. Dans les monuments les plus anciens, les deux *Edda*, la *Volsunga-Saga*, la *Nornagest-Saga*, Sigmund et Sigurd sont représentés comme rois dans le Frankenland. C'est dans le Rhin que Sigurd plonge son épée Gram pour voir si elle coupera en deux un flocon de laine que le courant amène contre le tranchant de la lame. C'est près du Rhin que le héros est tué; c'est dans ce fleuve qu'est précipité le trésor; Sigurd est appelé « homme du Midi, » et il l'était en effet pour les habitants de l'Islande. Les Volsungen, les ancêtres de Sigurd, sont des chefs du Frankenland. Dans les traditions allemandes, les mystérieux Nibelungen (1) sont

(1) C'est en vain qu'on s'est efforcé de déterminer au juste qui étaient les Nibelungen. D'après l'étymologie, ce nom se rapporterait à des hommes des brouillards ou des ténèbres, et ne serait pas sans relation avec le Niflheim, l'enfer scandinave. D'après l'*Edda*, les Niflungen sont les rois du Rhin, Gunnar et Hogni. Dans le *Nibelunge-nôt*, ce nom est appliqué d'abord à des guerriers qui, habitant vers le Nord, gardaient le fameux trésor, et que Siegfrid s'est soumis après avoir tué les rois Nibelung et Schilbung. Dans la seconde partie du poème, le nom de Nibelungen est appliqué aux rois burgondes, à Gunther et à ses guerriers. Dans le *Waltharius*, Gunther et Hagene sont désignés tantôt comme Francs, tantôt comme Sicambres, tantôt comme des Francs-Nibelungen. La seule chose qui ressorte clairement de toutes ces indications, c'est que la saga des Nibelungen est une tradition franque.

considérés comme des Francs des bords du Rhin. Dans le *Nibelunge-nôt*, Sigmund réside à Santen, sur les rives du Rhin inférieur, et Siegfrid est nommé le héros du Niederland, c'est à dire des Pays-Bas. Quand on compare ces témoignages divers et surtout quand on considère que la saga, qui ordinairement confond les noms et change à son gré les indications géographiques, témoigne encore, même dans la lointaine Islande, des lieux où elle a pris naissance, on doit bien admettre que les légendes sur Siegfrid et Brunhild appartiennent originairement aux Francs saliens.

Les traditions qui dominent dans la seconde partie des Nibelungen et qui se rapportent à Gunther, à ses frères et à leurs luttes contre les Huns d'Etzel, sont probablement une saga burgonde, et celle qui concernait Dietrich une saga ostrogothique. Ces deux cycles différents se seront mêlés à celui des traditions franques d'après les lois ordinaires de la formation épique, et auront ainsi passé ensemble dans le

Nord sous forme de chants héroïques (1), dont les lieder de l'*Edda* sont la traduction ou l'imitation en vers, et la *Volsunga-Saga* et la *Wilkina-Saga* le développement en prose.

Il est difficile de déterminer d'une manière précise à quelle époque ont pris naissance les premiers chants et la saga des Nibelungen. Comme ils remontent à un temps où les Germains n'avaient pas encore d'histoire, les indications positives font complétement défaut. Quelques auteurs ont prétendu que le fond de la légende avait été apporté en Europe par les tribus germaniques quand elles quittèrent les plateaux de l'Asie centrale. Cette hypothèse est très probable pour les éléments mythiques de la

---

(1) M. Raszmann prétend dans son remarquable ouvrage, *Die deutsche Helden-sage* (1857), que les traditions héroïques de l'Allemagne formaient déjà une épopée complète quand elles sont passées dans le Nord. Mais cette opinion, peu probable en elle-même, est en opposition avec la plupart des faits connus, et l'auteur n'apporte pas de preuves nouvelles assez fortes pour la faire admettre. M. Holtzmann avait déjà émis la même opinion. Voyez *Untersuchungen über das Nibelungen-lied* (1854).

saga de Sigurd qui, se rattachant aux anciennes croyances religieuses, appartiennent évidemment à une antiquité très reculée; mais elle ne peut s'appliquer aux éléments purement héroïques qui paraissent d'origine plus récente, et qui n'ont admis le mythe religieux qu'à une époque plus avancée de leur développement.

D'autres critiques placent l'origine de la saga avant l'ère chrétienne; mais cette supposition ne s'appuie sur aucune preuve positive.

L'opinion la plus probable est que la partie héroïque de la tradition des Nibelungen remonte au quatrième ou au cinquième siècle. Les chants auxquels elle aurait donné lieu auraient fait partie, en ce cas, de ceux que les premiers rois francs aimaient à entendre chanter pendant leurs repas, et que plus tard Charlemagne fit recueillir, comme le rapporte Éginhard (1). Louis le Débonnaire, au contraire,

(1) Le compilateur de la *Wilkina-Saga* affirme que ces sagas remontent au temps de Constantin le Grand. Cette mention indique seulement leur haute antiquité, mais ne peut

se refusait à écouter ces chants de la Germanie païenne qu'il avait appris par cœur dans son jeune âge (1). Au commencement du neuvième siècle, dans le cloître de Reichenau, l'abbé Waldo fait copier par ses religieux douze chants en langue germanique, *XII carmina Theodiscæ linguæ formata*. En 885, l'archevêque de Reims, Fulco, avertissant Charles le Simple, cite les livres allemands qui racontent comment le roi Ermenrich, par les conseils d'un confident perfide, fait périr ses descendants, tradition gothique qu'on retrouve dans les poésies du Nord. Le chant d'Hildebrand et d'Hadubrad appartient également à cette époque et au cycle gothique. Saxo Grammaticus rapporte qu'en 1157, lors de la tentative de

---

être prise à la lettre. Eginhard parle dans les termes suivants des anciennes chansons recueillies par Charlemagne : « Item barbara et antiquissima carmina, quibus veterum regum actus et bella canebantur, scripsit memoriæque mandavit. »

(1) « Poetica carmina gentilia, quæ in juventute didicerat, respuit nec legere, nec audire, nec docere voluit. » *Thegani vita Hludovici*, cap. 19.

meurtre commise sur Sueno, à Roskild, le roi entendit répéter le chant de la trahison exercée par Kriemhilt contre ses frères, pour l'avertir du danger qu'il courait. Déjà en 1130, dans l'île de Seeland, un rhapsode saxon avait chanté le même *lied* dans une circonstance pareille. Au treizième siècle, le poète Marner indique plusieurs compositions poétiques ayant pour objet Dietrich de Vérone, la mort de Siegfrid et la vengeance de Kriemhild, qui sont évidemment les sources où a puisé l'auteur du *Nibelunge-nôt*. Puis viennent les *Mœrchen* de la fin du moyen âge. Ces diverses indications prouvent que, depuis l'époque des grandes invasions des peuples du Nord, au cinquième siècle, jusqu'au moment où la réforme chassa de l'esprit du peuple allemand, par d'austères préoccupations et des réalités terribles, les légendes de la Germanie primitive, la fameuse saga des Nibelungen ne cessa pas un instant de charmer l'imagination populaire, d'abord sous forme de chansons héroïques, puis sous celle de petits poëmes chantés par les rhapsodes, plus tard encore sous celle d'une grande épopée chevaleresque, enfin comme simples contes du foyer.

Puisque l'Allemagne ne nous a conservé ses vieilles légendes que revêtues des couleurs chrétiennes et chevaleresques, et que c'est à l'Islande qu'il faut les redemander avec leur caractère héroïque et païen, reste à savoir vers quelle époque les dieux et les héros antiques, chassés par le christianisme triomphant, quittèrent leur verte patrie pour émigrer vers les régions désolées du cercle polaire. On a d'assez bonnes raisons pour admettre que cette émigration des vieilles traditions épiques de la Germanie eut lieu avant le commencement du sixième siècle. En effet, les plus anciens chants de l'*Edda* semblent remonter au huitième siècle ; or, comme ils confondent déjà complétement toutes les notions géographiques du récit, cela prouve qu'ils ont été transmis oralement pendant un temps assez long chez un peuple qui ne connaissait pas les localités dont la légende faisait mention, et cela nous rejette en arrière de plus d'un siècle. En second lieu, le *Beovulfsield*, rédigé en Angleterre probablement à la fin du septième siècle, cite les mêmes traditions que l'*Edda*, et démontre par là que les Anglo-Saxons qui émigrèrent dans la Grande Bretagne au cinquième siècle y apportèrent des chants tout à fait semblables à ceux qui passèrent dans les îles scandinaves, et qui devaient par conséquent appartenir à la même époque. Enfin, l'histoire de Jornandès *de Rebus Geticis* écrite en l'an 552, raconte comment Ermanaric, roi des Goths, fit écarteler une noble femme, Swanilda, par des chevaux sauvages, et comment il fut frappé à son tour par les frères de cette femme; or on trouve dans l'*Edda* un récit tout semblable où apparaissent les mêmes personnages et des circonstances à peu près pareilles, ce qui indique de nouveau que cette saga gothique (1) a dû passer dans le

(1) Dans les chants de l'*Edda* intitulés *Hamdismál* et *Gvdhrunarhvöt*, ou a rattaché la saga gothique à la saga

Nord vers l'époque où Jornandès l'a consignée dans son histoire. Ainsi, au quatrième et au cinquième siècle, quand les Germains et les Scandinaves avaient, sauf certaines nuances, les mêmes mœurs, les mêmes croyances religieuses et la même langue, les chants héroïques des bords du Rhin se répandirent jusque dans l'extrême Nord, en Danemark, en Norwége, et plus tard en Islande.

Lorsque l'Allemagne se fut convertie au christianisme, les Danois et les Norwégiens,

---

franque, en faisant Swanhild fille de Sigurd et de Gudrun. Swanhild doit épouser le roi des Goths, Iormunrek (en gothique Airmanareik, Ermanaricus chez Jornandès), mais celui-ci, jaloux de son fils, le fait pendre et fait écarteler Swanhild. Gudrun, qui, après la mort d'Atli, s'est remarié avec Jonakur, et qui en a eu trois fils, Sorli, Hamdir et Erp, pousse ceux-ci à venger leur sœur. Sorli et Hamdir (Samús et Ammius dans Jornandès) croyant que leur frère Erp ne veut pas les aider, le tuent, puis surprennent Iormunrek; ils le frappent, mais ne peuvent l'achever, tandis qu'eux-mêmes invulnérables au fer, sont tués à coups de pierre. N'est-il pas remarquable qu'on retrouve la même légende dans tous les pays où se sont disséminées les tribus germaniques, depuis les rives de l'Adriatique jusqu'aux abords du pôle?

jadis frères des Francs et des Saxons, devinrent leurs ennemis les plus acharnés : les communications furent interrompues pendant toute une période d'hostilités incessantes, jusqu'à ce que le commerce les rétablit, après que le Nord fut à son tour converti ; mais déjà les traditions héroïques avaient pris dans les deux régions un caractère différent. En Allemagne, l'Église, avait essayé, comme Louis le Débonnaire, de chasser de la mémoire du peuple les souvenirs des héros des temps païens, et, ne pouvant y parvenir, elle avait du moins substitué aux mœurs antiques les habitudes et les sentiments du chevalier chrétien. Ainsi modifiés d'abord par l'influence ecclésiastique, puis plus tard par les idées régnantes dans les cours chevaleresques, les chants épiques, plus longtemps remaniés, aboutirent en Allemagne aux récits plus adoucis du *Nibelunge-nôt*. Dans le Nord, au contraire, les mœurs violentes des temps héroïques se maintinrent plus longtemps par suite des expéditions audacieuses des Vikings, dont l'indomptable courage faisait trembler l'Angleterre et tout l'empire de Charlemagne. Étant en rapport avec les sentiments et avec les actions de ces guerriers farouches, les chants antiques furent conservés par les Skaldes sans qu'ils dussent en altérer la rudesse et la grandeur épiques, et ils furent recueillis dans l'*Edda* et dans les sagas en prose précisément au moment où la foi nouvelle et une civilisation plus pacifique allaient altérer ces vestiges abruptes d'un passé évanoui pour jamais.

Lorsqu'on a vu comment se sont produites et répandues les légendes épiques des Nibelungen, on est porté à se demander ce qu'elles contiennent. Sont-ce les souvenirs idéalisés d'événements historiques ou seulement les fictions de l'imagination populaire? Ces héros dont elles rapportent les actions, sont-ce des personnages qui ont vécu dans le monde réel, ou des figures mythiques créées par le génie poétique des races du Nord? Ce que nous avons dit précédemment de la formation de l'épopée fera comprendre que, pour résoudre ce problème, il faut toujours distinguer avec soin les parties diverses des compositions et la période du développement épique dont on s'occupe.

Examinons le *Nibelunge-nôt*. Il se compose, comme nous l'avons déjà indiqué, de trois cycles différents de traditions : les unes franques, rattachées au nom de Siegfrid; les autres burgondes, concernant Gunther, ses frères et leur luttes avec Attila; les troisièmes gothiques, qui ont pour objet Dietrich et les héros Amelungen, les *Amali* de Jornandès.

Pour ce qui est des sagas burgondes et gothiques, qui forment la seconde partie du *Nibelunge-nôt*, il ne peut y avoir de doute : elles se rapportent évidemment à des personnages et à des événements historiques, qu'elles représentent plutôt, à la vérité, d'après l'impression qu'ils ont produite sur l'imagination populaire, que d'après la réalité des faits. Dans le recueil des lois qu'il fait faire, Gondebaud, roi des

Burgondes, parle de ses prédécesseurs, et les nomme Gibica, dans lequel on reconnaît le Giuki de l'*Edda* et le Gibico, père de Gunther, qui paraît dans le *Waltharius manu fortis* (1), Godomar, qui est Gernot, le Guttorm de l'*Edda*, Gislahar, qui est Giselher, et Gundahar, qui est Gunther. Les trois rois qui siégent à Worms, dans le *Nibelunge-nôt*, sont donc ici désignés dans un document historique. Mais il y a plus : les historiens parlent d'un roi des Burgondes, du nom de Gundicar, qui, vaincu par les Huns en 435, aurait été exterminé avec toute sa famille et tout son peuple (2). Voilà probablement le fait historique qui a donné naissance au récit du massacre des rois burgondes et de

---

(1) Le *Waltharius manu fortis* est un poème en vers latins rédigé par Eckehard Ier, abbé de Saint-Gall, dans la première moitié du dixième siècle.

(2) Voyez les textes dans W. Grimm : *Die deutsche Heldensage*. Voici les paroles de Prosper d'Aquitaine : « Eodem tempore (a. 435) Gundicarium Burgundionum regem inter Gallias habitantem Ætius bello obtrivit pacemque ei supplicanti dedit, quâ non diù potitus est siquidem illum Chunni cum populo suo ac stirpe deleverunt. »

leur suite par Etzel, fait qui forme le sujet de la seconde partie du poème et qui lui a donné son nom, *Nibelunge-nôt,* c'est à dire détresse, désastre des Nibelungen. Le souvenir du massacre de Gundicar et de son peuple, grossi par celui de la fameuse bataille des champs catalauniques, où, d'après Jornandès, les blessés se désaltérèrent en buvant du sang, comme dans le poème, a donné naissance à l'idée d'une immense catastrophe qui a pris peu à peu la forme que nous lui voyons dans l'épopée. L'Etzel du *Nibelunge-nôt* est évidemment l'Attila de l'histoire, tel qu'il apparaît dans Priscus où son frère et sa femme, le Blœde et l'Helche de la légende, s'appellent Bleda et Herka. La résidence que lui attribue le poète, en Hongrie, aux bords du Danube, la puissance qu'il exerce, le grand nombre de rois qu'il a pour vassaux, tout correspond à l'image qui nous a été conservée du roi des Huns. Seulement, de même que les romans français de la féodalité ne donnent à Charlemagne qu'un rôle très effacé, de même ici, dans la tradition germanique, Etzel, païen et barbare, se montre bien lâche à côté de la prodigieuse valeur des héros burgondes et goths. Dietrich von Bern est Théodoric de Vérone, désigné ainsi sans doute, parce que c'est près de cette ville qu'il vainquit Odoacre. Mais, sauf la force et la vaillance extraordinaires du héros, qui expriment l'impression qu'a dû faire sur l'imagination populaire le souvenir du règne glorieux de Théodoric le Grand, rien, dans la légende de Dietrich fugitif à la cour d'Etzel, ne rappelle la vie du roi des Ostrogoths. Un personnage secondaire, Irnfrit von Thuringen, et Pilgrim de Passau, sont également empruntés à l'histoire. Le premier est le roi de Thuringe, Irmenfried, chassé de son pays par le roi austrasien Théodoric vers 530, et le second est un évêque de Passau, qui vécut au dixième siècle, et qui par conséquent n'est entré que très tard dans la saga. Les chroniqueurs parlent bien aussi d'un Rutgerus de Præclara, marquis en Autriche, qui serait le chevaleresque seigneur de Bechelaeren; mais Lachmann et W. Grimm sont d'accord pour admettre que la chronique a emprunté ce personnage à la légende. Volkèr, l'ami de Hagene, serait aussi un personnage historique qui n'aurait pénétré qu'assez tard dans la tradition épique des Nibelungen. Il n'apparaît dans aucun des monuments de la saga scandinave. Les seigneurs du burg d'Alzée, près de Worms portaient un violon dans leurs armoiries, et d'après la supposition très fondée de W. Grimm, c'est un chevalier de cette famille que le poète aura voulu illustrer en l'admettant dans le poème, de même que Cornélius a peint la figure du roi Louis de Bavière dans son tableau du *Jugement dernier* à Munich. On comprend dès lors pourquoi Volkèr porte sans cesse son violon dans les combats et pourquoi son archet lui tient lieu d'épée.

Ainsi, en résumé, la catastrophe qui fait le sujet de la seconde partie du *Nibelungenôt*, et les personnages qui y figurent, émanent des traditions burgondes et gothiques, dont la source primitive sont des faits historiques. Ces résultats acquis, si l'on veut aller plus loin et rechercher les origines de la première partie du poème et de la saga franque qui en est la base, on est bientôt réduit à des conjectures. Le problème, à vrai dire, paraît insoluble. Sur Siegfrid, sur Brunhild et Kriemhild, l'histoire ne fournit aucune indication. On ne peut cependant se faire à l'idée que ces figures si vivantes, si dramatiques, ne soient que de vains fantômes évoqués par l'imagination populaire ou des mythes, des images de certains phénomènes naturels remontant aux époques primitives. Cela serait contraire à tout ce que nous savons sur les origines des autres épopées nationales et aux exemples cités plus haut. Mais si les personnages réels dont ces figures épiques sont les images idéalisées ont passé sur la scène de ce monde, comme il est probable, c'est à l'époque où les tribus franques, errant des bords du Rhin à ceux de la mer du Nord, n'avaient d'autres témoins de leurs exploits et de leurs aventures que les rhapsodes, qui nous en ont conservé les poétiques souvenirs.

Quelques auteurs ont prétendu que c'est la tradition des victoires du chef des Chérusques Hermann et du Batave Civilis qui aurait donné naissance au personnage de Siegfrid, dont le nom (*Sieg* signifie victoire) symboliserait le triomphe des Germains sur les légions de Rome ; mais ce sont là de pures hypothèses que rien ne confirme, et si l'on veut se livrer à des suppositions de ce genre, mieux vaudrait encore, avec le chroniqueur du Palatinat, Frecher, voir dans Siegfrid le roi austrasien Sigebert, l'époux de Brunehaut, qui était représenté sur la pierre de son tombeau dans l'église de Saint-Médard, à Soissons, les pieds appuyés sur un dragon. On pourrait admettre alors que les luttes sanglantes de Brunehaut et de Frédégonde sont le fondement historique des légendes sur la rivalité de Brunehild et de

Kriemhild, qui amène la mort violente de Siegfrid et ses suites terribles. Il est en effet assez probable que l'écho de ces événements, qui ont dû frapper d'épouvante l'esprit des contemporains, se retrouve dans l'épopée; mais quand on veut découvrir ainsi dans l'histore des rois francs les sources de la saga des Nibelungen, il faut se contenter de ces concordances générales. Il est impossible de poursuivre la confrontation dans les détails, car toute donnée sérieuse manque à la critique. Les descendants du roi norvégien Ragnar Lodbrok prétendaient, il est vrai, que leur aïeul était issu du sang de Sigurd par sa fille Aslaug; mais, dans l'antiquité, nous voyons que les grandes familles faisaient aussi volontiers remonter leur origine à quelque divinité, et cette prétention prouve seulement qu'à certaines époques la croyance à l'existence réelle des personnages mythiques est générale. On peut en conclure qu'il existe alors chez tout le monde une disposition identique à croire à la réalité d'un certain ordre de faits, mais non point que ces faits aient réellement eu lieu. Il est cependant probable que la saga de Siegfrid et de Brunehild a sa racine dans le monde réel ; car à l'origine de toute tradition épique, nous trouvons des chants nationaux se rapportant à des événements historiques, et d'autre part il n'y a pas d'exemple certain d'une divinité mythique transformée en héros épique ; seulement il faut admettre, en tout cas, que la tradition de ces personnages réels s'est modifiée sous l'action de mythes plus anciens. Les uns n'ont voulu voir dans Siegfrid qu'un mythe solaire ; les autres ont cru y retrouver Sigebert ou saint Victor. On peut admettre qu'un personnage historique qu'on ne peut déterminer a donné naissance à la légende, mais qu'un mythe solaire a présidé à son développement.

III

On vient de voir que la tradition épique s'est développée chez la race germanique d'après les lois qui semblent présider partout à la formation de l'épopée. D'abord naissent des chants héroïques qui sont l'écho de faits historiques ou plutôt de l'impression que ces faits ont produite sur l'imagination populaire ; puis ces chants se groupent autour d'un nom connu, Siegfrid, Dietrich ou Gunther, et forment des cycles.

Plus tard, ces cycles, d'origine et d'époques différentes, finissent par se rapprocher et par s'amalgamer sous l'empire d'un mythe religieux et d'une pensée morale. C'est cette phase du développement de l'épopée du Nord qu'il nous reste à montrer ; mais si l'on veut la saisir, il faut étudier la tradition telle qu'elle se présente dans l'*Edda;* car, dans le *Nibelungenôt*, l'influence des idées chrétiennes et chevaleresques a tellement obscurci les données primitives que, sans le secours des sources islandaises, on ne réussirait point à les découvrir.

Pour qu'on comprenne bien ce point important de l'histoire de l'épopée germanique, il ne sera pas inutile de rappeler rapidement sous quelle forme la légende des Nibelungen se présente dans le recueil de Sœmund, complété par les indications de la *Volsunga-Saga*.

Trois divinités, trois Asen, Odin, Loki et Hœnir, parcouraient un jour la terre. Arrivés à une chute d'eau, ils aperçoivent une loutre dévorant un saumon. Loki, d'un coup de pierre, tue la loutre, l'écorche et en emporte la peau, très fier de son adresse. Le soir venu, les trois dieux entrent, pour passer la nuit, dans la demeure d'un homme qui s'appelait Hreidmar, et ils lui montrent le produit de leur chasse. Hreidmar voit qu'ils ont tué son fils Ottur, qui vivait dans la rivière voisine sous la forme d'une loutre (*otter*). Il appelle ses deux autres fils, Fafnir et Regin, se jette avec eux sur les Asen, les terrasse et les garrotte. Les dieux offrent de composer. Hreidmar accepte et demande pour prix du sang autant d'or qu'il en faut pour remplir intérieurement et pour recouvrir extérieurement la peau de la loutre.

Aussitôt le rusé Loki se met en campagne pour se procurer la rançon promise. Il se saisit d'un nain qui s'appelait Andvari, et qui vivait dans l'eau sous forme de brochet. Ce nain possédait un trésor immense et une bague, l'*Andvara-naut,* qui donnait à son possesseur le pouvoir de se procurer autant d'or qu'il le désirait. Pour racheter sa liberté, Andvari livre même cet anneau merveilleux, mais il voue à la mort quiconque deviendra maître du trésor.

A peine les Asen ont-ils remis aux mains de Hreidmar la composition promise, que la malédiction attachée au trésor a son effet. Fafnir et Regin réclament de leur père une part du prix du sang. Celui-ci refuse, et ses fils le tuent, Fafnir, qui est le plus fort, s'empare des armes de Hreidmar, de l'épée *Hrotti* et du casque *Ægishelm* dont l'aspect fait trembler tous les hommes. Puis il chasse son frère, se rend maître de tout le trésor et se couche dessus sous forme de dragon, dans la bruyère de Gnitaheide.

Regin se réfugie auprès du roi Hialprek (en langue franque Chilpéric) et devient son forgeron. Il élève en même temps le jeune Sigurd, fils de Sigmund et de Hiordi, de la famille des Wolsungen qui descend d'Odin. Après lui avoir forgé une épée sans pareille, *Gram*, et lui avoir choisi dans les étables d'Hialprek l'incomparable étalon Grani, il conduit le héros sur la Gnitaheide et le pousse à tuer Fafnir. Sigurd creuse une fosse en terre, et quand le dragon la franchit, il lui perce le cœur avec sa redoutable épée. Fafnir est frappé à mort. Regin accourt alors et boit le sang du dragon, puis il demande à Sigurd qu'il veuille bien faire rôtir le cœur de Fafnir, afin qu'il le mange. Tandis que Sigurd s'occupe de ce soin, il se brûle les doigts. Il les met dans sa bouche et aussitôt que le sang du dragon a touché sa langue, il comprend le langage des oiseaux. Des aigles, qui du haut d'un arbre voisin assistaient à la scène, s'entretenaient des projets de meurtre que Regin méditait contre

Sigurd. Celui-ci, averti, s'élance vers le traître et lui tranche la tête. Après avoir mangé le cœur et bu le sang de Fafnir, il charge le trésor sur Grani, et obéissant au conseil des aigles, il s'avance vers les terres des Francs.

A Hindarfiall, dans un château fort entouré de flammes, repose un beau guerrier. Sigurd lui enlève son casque, et, avec le tranchant de son épée, déchire sa cotte de mailles. Il reconnait alors que c'est une femme. En effet, c'est Brunhild, qui, comme Walkyrie, s'appelle Sirgurdrifa. Pour la punir d'une désobéissance à ses volontés, Odin l'avait frappée d'un sommeil magique dont elle ne pouvait être délivrée que par le secours d'un homme qui n'a jamais connu la peur. Réveillée, elle bénit les dieux et s'attache à son jeune libérateur, à qui elle révèle toute la science des runes.

Après être demeuré quelque temps auprès de celle envers qui il a engagé sa foi, Sigurd la quitte et se rend auprès des fils de Giuki, Gunnar et Hœgni. Il devient leur frère d'armes, et même bientôt les liens du sang les unissent. Grimhild, la mère de ces chefs, fait boire à Sigurd un breuvage qui lui enlève le souvenir des relations qu'il a eues avec Brunhild. Infidèle à ses serments, il épouse Gudrun aux blonds cheveux, la fille de Grimhild.

Gunnar veut obtenir la main de Brunhild, et il part pour aller la conquérir. Sigurd l'accompagne, se déguise en se couvrant des armes de Gunnar, et monté sur Grani, le seul cheval qui ose franchir les flammes qui entourent le burg où réside la jeune fille, il pénètre jusqu'au près d'elle. Il passe la nuit à ses côtés, séparé d'elle par son épée, posée entre eux deux sur la couche. Brunhild épouse Gunnar, mais elle continue à aimer Sigurd, et elle demeure inconsolable de l'avoir perdu. Un incident vient bientôt changer sa douleur en désir de vengeance. Tandis que Brunhild et Gudrun se baignent dans la rivière et y lavent leur chevelure, une querelle s'élève entre elles, chacune prétendant avoir l'époux le plus brave. Sigurd a tué Fafnir et Regin, dit l'une. — Oui, répond l'autre, mais Gunnar a chevauché à travers le Wafrlogi, le cercle de flammes qui entourait mon séjour. — Non point, répond Gudrun, celui qui a accompli cet exploit, c'est Sigurd, et la preuve en est cet anneau, l'*Andvara-naut*, qu'il a repris à ton doigt et qu'il m'a donné.

Brunhild, deux fois trahie par Sigurd, brûle de se venger. Elle pousse Gunnar à tuer le héros. Celui-ci, désirant posséder le trésor se laisse convaincre; Hœgni l'en détourne en vain : leur jeune frère Guttorm, excité par eux à commettre le crime, frappe Sigurd tandis qu'il repose à côté de Gudrun. Le héros mourant se soulève sur sa couche et lance son épée Gram sur le meurtrier, qui tombe à terre, haché en deux par la force du coup. Sigurd mort, Brunhild ne lui survivra pas : elle fait élever un immense bûcher, se perce le sein et se fait brûler avec le corps de Sigurd et avec ceux des serviteurs et des femmes qui avaient consenti à mourir avec elle (1).

Après avoir pris possession de l'or de Fafnir, Gunnar et Hœgni se réconcilient avec Gudrun, qui épouse Atli, frère de Brunhild et fils de Budli. Atli veut à son tour se rendre maître du trésor, et il songe que, s'il peut tuer ses beaux-frères, sa femme en héritera. Il fait inviter Gunnar et Hœgni à se rendre auprès de lui. Gudrun les prévient du danger par des runes qu'elle grave elle-même sur une tablette de bois, mais les messagers en enlèvent un signe, et ce qui était un avertissement devient une invitation. Arrivés à la résidence d'Atli,

---

(1) Les détails de cette cérémonie funèbre rappellent tout à fait les coutumes de l'Inde. Brunhild offre à ses femmes de l'or et des bijoux pour qu'elles meurent avec elle. Comme elles refusent, elle leur dit : « Nulle ne doit renoncer à la vie à cause de moi ; mais bien peu brilleront vos corps des dons de Menia (divinité de l'or), de bijoux et de monnaies, quand vous viendrez me rejoindre. » Elle fait placer aussi sur le bûcher deux chiens et deux faucons. Le but de cet usage était de permettre aux morts de chasser dans l'autre monde avec leurs compagnons favoris.

les deux fils de Giuki sont attaqués avec fureur ; ils se défendent en héros, et Gudrun combat à leurs côtés, mais enfin ils succombent. Atli veut savoir de Gunnar où est le trésor des Nibelungen. Gunnar répond qu'il ne le dira que quand on lui aura présenté le cœur de Hœgni. On lui offre le cœur du lâche Hiali. « Non, dit-il, ce cœur tremble, ce n'est pas celui de Hœgni. » Quand Hœgni est tué : « Nul, dit Gunnar, ne saura plus maintenant où est le trésor, car nous l'avons jeté dans le Rhin, et seul désormais je sais où il se trouve. » Gunnar est enfermé dans la tour des serpents, les mains enchaînées ; mais avec ses pieds il tire de sa harpe des sons si puissants, qu'il charme tous les reptiles, sauf une vipère qui le tue en le mordant au cœur. Atli, pour détourner la vengeance de Gudrun, lui offre des richesses de toute espèce ; Gudrun déguise sa haine, mais demeure implacable. Elle égorge les deux fils qu'elle a eus d'Atli, et pendant le festin lui sert à manger leurs membres déchiquetés, et à boire leur sang mêlé à l'hydromel (1). Quand le forfait est accompli, elle en avertit Atli et le poignarde ; puis elle met le feu à la salle du banquet, qui écrase en tombant tous les convives alourdis par le sommeil et par la boisson. Elle a dignement vengé Gunnar et Hœgni.

Maintenant qu'on s'est rappelé l'ensemble de la tradition héroïque de l'*Edda*, qui est devenue, avec de nombreuses altérations et un caractère différent, le sujet du *Nibelunge-nôt*, on voudrait découvrir quel est le sens de cette antique légende et quel est le mythe qui en a

---

(1) Ces actions atroces prouvent d'ordinaire la haute antiquité de la partie de la tradition qui les rapporte. Les chants sur les ancêtres de Sigurd (Sigi, Wolsung, Sinfiotli), que nous ne connaissons que par les imitations en prose de la *Wolsunga-Saga*, nous peignent des mœurs encore plus farouches que l'*Edda*. Les héros vivent fréquemment dans les forêts, sous la forme d'animaux sauvages. Dans les plus anciennes traditions de la Grèce, on trouve les mêmes atrocités que dans celles de la Germanie : Médée égorgeant ses enfants, l'horrible repas servi à Thyeste par Atrée, la légende de Pélops et de Tantale, etc.

coordonné les éléments divers dans une trame commune. Mais, malgré les recherches les mieux dirigées et les interprétations les plus ingénieuses, il faut bien avouer qu'il est difficile de déterminer ce point avec exactitude. Voici l'explication que donne Lachmann, dont l'autorité, comme on sait, est grande en cette matière.

Un dieu brillant et beau, le dieu de la paix conquise par la victoire (*sieg* victoire, *fried* paix), tue les gardiens des sombres royaumes du Niflheim et enlève leur trésor au dragon qui le défend. Il acquiert par cet exploit des richesses immenses et une force merveilleuse; mais il tombe sous la puissance des divinités de la Nuit et de la Mort. Il faut qu'il s'allie à elles, qu'il épouse leur sœur, et que, pour satisfaire leur souverain, il arrache aux flammes qui la protégent la belle Walkyrie resplendissante de lumière. Il l'aime, il lui donne l'anneau magique pris dans le trésor, mais il ne peut l'épouser, car elle doit devenir la femme de son maître. Il est enfin tué par l'épine de la Mort (*hagene*), et le trésor est jeté dans le Rhin.

Si tel était le sens de la mystérieuse saga, qui a absorbé plus tard des souvenirs empruntés au monde réel, la donnée primitive serait très simple, car elle ne serait autre, au fond, que la lutte des divinités de la lumière contre celles des ténèbres, des forces émanées du bon principe contre celles émanées du mauvais principe. Le mythe qui domine les traditions épiques des Nibelungen aurait ainsi sa racine dans l'antique dualisme de l'Orient. Il n'y a là sans doute rien d'improbable, et l'on peut invoquer plus d'une circonstance à l'appui de cette hypothèse. Seulement ce n'est qu'une hypothèse, plus admissible que les autres, il est vrai, mais qui, dans l'état actuel de la science n'a pas encore reçu de confirmation assez décisive pour être acceptée comme un fait démontré. Il en est de même des interprétations qui tendent à identifier Sigur avec le dieu du soleil. Certes, on ne peut méconnaître que la figure légendaire de ce héros a subi l'action d'un mythe solaire dont on retrouve les traces plus ou moins distinctes dans les traditions des différents peuples de l'Orient. Mais, jusqu'à présent ce point important du développement de l'épopée est encore entouré de beaucoup d'obscurité.

Quant à l'idée morale qui a présidé à la formation de la légende épique dans la forme où nous l'offre l'*Edda*, elle est plus claire : c'est la croyance répandue dans toute l'Europe et encore vivante de nos jours chez les populations d'origine celtique, que les trésors portent malheur à leur possesseur et les font tomber sous la puissance des mauvais esprits. Le nain Andvari, en perdant son trésor, y a attaché sa malédiction, et ceux qui en deviennent tour à tour les maîtres ou qui le convoitent, Hreidmar, Fafnir et Regin, Sigurd, Gunnar, Hœgni et enfin Atli périssent de mort violente. Le mauvais sort qui poursuit tous les personnages est le principe de l'unité de l'action. C'est la fatalité qui précipite les péripéties du drame. Cette croyance a sa source dans la réprobation de la cupidité, qui a inspiré tant d'éloquentes paroles dans la littérature ancienne et moderne, et qui a dû s'éveiller de bonne heure dans la conscience des peuples primitifs, à la vue des crimes et des luttes auxquels donnait lieu la soif de l'or, dans un temps où les passions étaient sans frein et où le respect de la vie humaine n'existait pas. Que de fois la possession d'un trésor n'était-elle pas la cause de combats sanglants et de forfaits épouvantables ! Il suffit de parcourir l'histoire des rois mérovingiens pour en trouver de nombreux exemples (1).

(1) Citons seulement deux épisodes. C'est pour posséder ses trésors que Chloderik tue son père Sigebert, roi des Francs Ripuaires, au moment où, fatigué, il se reposait non loin du Rhin, dans la forêt de Burconia ; et ces faits historiques peuvent bien ne pas être étrangers à la légende de Siegfrid. C'est pour dépouiller Chloderik de ce trésor, acheté au prix d'un crime, que Clovis le fait assassiner tandis qu'il montrait ses richesses aux messagers chargés de le tuer. Chilpéric se vantait de son trésor comme de la preuve la plus manifeste de sa puissance. Au moyen âge, les souverains et les seigneurs allemands avaient tous leurs *Schatz Kammer*.

Des faits de ce genre, répétés et d'ordinaire grossis, devaient naturellement faire naître la conviction que les mauvais esprits dominaient l'âme de celui qui s'emparait d'un trésor ou qui le convoitait, et qu'ils le faisaient périr d'une mort violente ; idée juste au fond, et très raisonnable dès qu'on la dégage de ses formes légendaires. Mais dans les temps primitifs, les croyances ne peuvent rester à l'état de maximes abstraites ou de principes dogmatiques. L'homme simple, pour saisir l'idée, a besoin de la voir incarnée : il lui faut une morale en action. C'est ce qui explique comment la donnée de la malédiction attachée aux trésors a pénétré la légende des Nibelungen et en a coordonné, en une fable suivie, les éléments mythiques et historiques.

Dans le *Nibelunge-nôt*, cette conception est presque tout à fait obscurcie. Le trésor figure encore dans le poème : on voit que Siegfrid l'a conquis en tuant Nibelung et Schilbung qui s'étaient pris de querelle en voulant le partager; Krimhild le fait transporter à Worms; après la mort de Siegfrid, Gunther et Hagene s'en emparent, et avant de partir pour la cour d'Etzel, ils le jettent dans le Rhin; mais la possession du trésor n'est plus un mobile d'action ni une cause de catastrophes. Ce sont les vestiges d'une croyance qui a perdu son caractère sacré et sa portée mystique. Dans les âges de barbarie, la possession d'un trésor, c'est à dire d'un grand amas d'or et d'argent, d'objets précieux et de belles armes, est un grand moyen d'influence et une condition presque nécessaire du pouvoir royal, car c'est sous cette forme seulement qu'on peut accumuler de grandes richesses, qui ont été de tout temps le nerf de l'action. Dans la société féodale, l'autorité du roi ou du seigneur est déjà fondée sur des idées de subordination généralement répandues et sur des relations territoriales. Il existe une organisation politique, maintenue non plus seulement par la force et la richesse individuelle du souverain, mais par un certain besoin d'ordre et par certaines notions de droit et de légalité. Dès lors un trésor peut bien être encore un objet d'ostentation, mais ce n'est plus ni la forme unique de la richesse, ni un moyen ordinaire de gouverner les hommes. Il est donc tout naturel qu'à mesure que se développa la féodalité, l'antique légende du trésor cessa d'être comprise par les hautes classes et ne fut plus conservée qu'à l'état de *mœrche* chez les populations les plus arriérées. D'autre part, les idées chevaleresques qui commencèrent à se répandre dès le onzième siècle et qui exaltaient le désintéressement ne pouvaient admettre que la soif de l'or servît de ressort ou tout au moins de lien à une action épique. Un pareil sentiment n'est pas considéré comme indigne d'un héros dans les temps héroïques, parce qu'alors le but des entreprises guerrières et le mobile des plus brillants exploits est souvent le pillage, comme le prouvent les expéditions de tous les peuples germaniques et surtout celles des Normands, expéditions que chantaient les skaldes et les bardes. A l'époque féodale, au contraire, ce même sentiment, jadis habituel à tous les chefs, était considéré, au moins en théorie, comme indigne d'un chevalier qui devait combattre pour la gloire et laisser aux juifs et aux hommes d'affaires le vil souci d'accumuler de l'argent.

Ainsi l'état de la société et la tournure des esprits contribuaient également à rendre inévitable pour l'épopée l'adoption d'un autre ressort. Le ressort habituel des romans chevaleresques est l'amour. C'est donc sous l'empire de ce sentiment que devait se modifier la saga des Nibelungen. Mais les éléments de l'époque héroïque étaient trop nombreux, trop vivants, et trop bien enchaînés pour pouvoir se plier facilement à la donnée nouvelle. Aussi ne fait-elle que poindre dans le *Nibelunge-nôt*. Elle y est énoncée au commencement et à la fin du poème sous la forme de cette maxime : l'amour cause souvent de grands malheurs ; mais cette pensée n'est pas l'âme du récit, elle n'en a point pénétré la trame, et la marche des événements n'en est pas la mise en action.

Il est cependant un point des plus importants qui a été complétement modifié sous l'influence du nouvel ordre d'idées. Dans les temps barbares, quand il n'y a point encore de justice pénale appliquée par l'État, c'est la vengeance qui, frappant le coupable, en tient lieu, et qui, arrêtant les malfaiteurs par la crainte des représailles, assure au moins une certaine sécurité. Comme on le voit encore en Corse et chez les tribus indiennes, la vengeance est plus qu'une passion, c'est un devoir sacré, un point d'honneur pour ceux à qui incombe l'obligation de l'exercer. Il est donc tout naturel que, ce sentiment, si puissant dans un état de civilisation peu avancée, occupe une très grande place dans les épopées des époques héroïques. C'est ainsi que le nœud de l'action de l'*Iliade* réside dans la vengeance qu'Achille veut tirer d'abord de l'outrage qu'il a reçu d'Agamemnon, puis de la mort de Patrocle, quand son ami a succombé sous les coups d'Hector. La vengeance de Kriemhild est le ressort principal du *Nibelunge-nôt*. La tradition épique de l'*Edda* n'est qu'une série de vengeances. Regin se venge de Fafnir en le faisant tuer par Sigurd. Brunhild se venge de Sigurd en le faisant tuer par Gunnar. Atli venge Brunhild en faisant mettre à mort Gunnar et Hœgni qu'il accuse d'avoir causé la perte de sa sœur. Puis enfin Gudrun venge ses frères en égorgeant Atli. Mais si la passion et le devoir de la vengeance se trouvent dans le *Nibelunge-nôt* aussi bien que dans l'*Edda*, ces sentiments n'y sont plus compris de la même manière. Dans l'*Edda*, l'affliction de Gudrun après la mort de son époux va jusqu'au désespoir; pourtant elle se réconcilie avec ses frères, et quand ils sont attaqués par Atli, elle combat avec eux; puis quand ils ont succombé, pour mieux les venger, elle immole ses enfants dans l'ivresse de sa rage. Le sentiment qui domine donc ici tous les autres c'est celui de la famille, c'est l'honneur du clan. Les auditeurs admettaient que pour obéir à ce sentiment l'épouse de Sigurd se réconciliât définitivement avec ses meurtriers. Dans le *Nibelunge-nôt,* au contraire, Kriemhild feint d'oublier le crime de ses frères, mais elle dissimule pour mieux atteindre son but. Sa blessure saigne toujours, il faut que Siegfrid soit vengé. Ce n'est plus la sœur intrépide qui veut à tout prix frapper au cœur celui qui a tué les siens; c'est l'épouse implacable, toujours fidèle à son premier amour, et qui ne se remarie avec Etzel que dans l'espoir d'obtenir ainsi une vengeance plus certaine. Cette seconde donnée appartient déjà, on le comprend, à un état social moins barbare et à un ordre d'idées plus raffinées que la première.

Pour compléter cet aperçu du développement de la tradition épique des Nibelungen, il faudrait montrer les nuances souvent très différentes qu'ont présentées les sentiments et les caractères des héros aux diverses époques de son évolution. Il suffira d'indiquer ici les points les plus frappants.

Dans l'*Edda*, on ne trouve encore aucune trace des idées chevaleresques. Les personnages sont animés de passions énergiques dignes de l'épopée, mais ils sont tous très occupés d'intérêts matériels, c'est à dire très avides de richesses, ce qui s'explique facilement, quand on songe que la tradition épique est née chez les tribus de pirates des bords de la mer du Nord, les Francs, les Saxons et les Frisons, et qu'elle s'est développée ensuite chez d'autres pirates, les tribus des îles et des côtes scandinaves. Nous l'avons déjà constaté plus haut : dans toutes les époques héroïques, dans l'antiquité comme dans des temps plus rapprochés de nous, dans la Grèce ancienne comme dans la Germanie, chez les Indiens comme chez les Klephtes, partout où le travail est méprisé, le pillage et la capture d'esclaves à main armée est un acte honorable et glorieux, et le héros n'est souvent, comme Romulus, qu'un chef de bandits. Les *burgs*, dont les ruines hérissent encore les bords du Rhin, prouvent que les seigneurs du moyen âge conservèrent longtemps en ce point les pratiques de leurs aïeux, malgré les exemples plus louables que leur offraient les romans de chevalerie dont ils aimaient à entendre les récits.

Les personnages de l'*Edda* résistent difficilement aux séductions de l'or. Brunhild se plaint de ce que son frère Atli, pour la forcer à se marier, la prive de la part qui lui revient dans l'héritage paternel. « Si j'étais demeurée vierge, Atli m'eût refusé la moitié de l'héritage, les terres et les richesses qui m'appartenaient, à moi jeune fille ; le butin et tout l'or que Budli, le roi, me donna, à moi sa fille. » — Puis elle aussi est séduite par le trésor de Fafnir : « L'or brillant de Sigurd me fascina, dit-elle, ainsi que les anneaux rouges qu'apportait le héros. J'aurais refusé les richesses de tout autre homme, etc. »

Après la mort de Sigurd, Gunnar et Hœgni

cherchent à se réconcilier avec leur sœur. Pour l'apaiser, Grimhild, sa mère lui offre comme composition de riches présents : « Je te donne, ô Gudrun, de l'or ; accepte-le, et aussi tout le trésor que laissa ton père, les burgs de Lœdwers et tous ses gens de service, et des jeunes filles Hiunes qui savent tisser habilement de belles étoffes d'or. Que cela soit ta consolation : tu posséderas seule tout le trésor de Budli en devenant la femme resplendissante d'Atli. »

Quand Atli envoie vers Gunnar et vers Hœgni un de ses guerriers, celui-ci, pour engager les deux chefs du Rhin à se rendre auprès de son maître, leur parle des présents qu'ils recevront. « Vous pourrez, leur dit-il, choisir à votre gré des boucliers, des lances superbes, des casques ornés d'or rouge, des caparaçons couverts d'argent, des armures rougies dans les combats et des étalons qui rongent le frein. »

A coup sûr, les sentiments auxquels on fait ici appel chez nos héros ne sont point d'un ordre très élevé, mais, il faut bien l'avouer, ce sont ceux qui dominent aux époques primitives, et la poésie n'est ici que la peinture exacte de la réalité. Ces grandioses figures de l'*Edda* ne sont point des personnages de roman, mais les images des Vikings du Nord, sublimes de bravoure dans le danger, mais très avides dans la vie ordinaire. Dans le *Nibelunge-nót*, toutes ces convoitises, toutes ces préoccupations matérielles ont disparu pour faire place à des sentiments plus épurés. C'est l'amour, la jalousie, le désir de laver une injure, l'honneur qui fait agir les héros. Ce n'est plus avec des présents qu'on peut tour à tour enflammer leurs passions ou apaiser leur colère. Hagene seul conserve encore quelque chose de l'âpreté farouche des temps héroïques. Mais déjà Ruediger est le type de la générosité du chevalier et de la fidélité du vassal. Pour remplir son devoir vis-à-vis de ses suzerains Etzel et Brunhild, il combat ses amis, ses hôtes les princes burgondes, et jusqu'à son beau-fils Giselher. Il désire mourir plutôt que de tuer ses adversaires. Même, au plus fort de la mêlée, il donne son propre bouclier à Hagene qui le lui demande, et en tombant, il regrette, non la vie, mais le mal qu'il a dû faire malgré lui à ceux sous les coups desquels il succombe. Type admirable et touchant de désintéressement, d'abnégation, de bravoure, d'attachement au devoir et d'immolation volontaire; mais caractère trop raffiné pour appartenir aux époques héroïques. Ni dans l'*Edda*, ni dans l'*Iliade*, on ne trouve aucun personnage qui ressemble à celui-ci. Les sentiments des temps primitifs sont simples : ils marchent droit au but, qui est la satisfaction de la passion. Ce n'est qu'avec la civilisation qu'apparaissent les sentiments complexes, la lutte des désirs contre l'idée du devoir, et la notion du sacrifice de ses besoins, de ses affections ou de sa vie à l'idée du bien ou du juste.

Si dans le *Nibelunge-nôt* les sentiments sont en général plus purs et plus élevés que dans l'*Edda*, par cela même certains caractères, qui nous frappent quand ils se déploient librement dans toute leur fougue au sein de la vie barbare et païenne, perdent leur beauté sauvage dès qu'ils sont resserrés dans les bornes d'une action plus régulière. La figure de Brunhild en offre un exemple frappant. Dans le *Nibelunge-nôt*, la force démesurée de cette vierge, que nul homme ne peut vaincre, indique encore son origine surnaturelle; mais le motif pour lequel elle fait tuer Siegfrid par Hagene n'est pas assez sérieux pour qu'on puisse lui pardonner cette trahison. Son rôle devient odieux, et à partir de ce moment rien ne la relève plus, car elle n'apparaît pas dans la seconde partie du poème. Combien, au contraire, elle est belle dans l'*Edda*, la figure de la Walkyrie Sigurdrifa, de la jeune Brunhild, savante dans les runes et communiquant à Sigurd au bras invincible les trésors de sa sagesse! Quelle élévation dans l'invocation qu'elle prononce quand Sigurd l'a réveillée du sommeil magique! « Salut, Jour, salut à vous, fils du Jour, salut à vous aussi, Nuit et filles de la Nuit! Tournez vers nous un regard favorable et accordez la prospérité à ceux qui souffrent. Salut à vous, Asen! salut à vous, Asinen! Salut à toi, Terre qui nourris tous les êtres. Donnez-nous, à nous deux qui en sommes dignes, la raison, la science et des mains pleines de guérisons. » Ce passage, qui rappelle les plus anciennes des Védas, est évidemment un fragment de la poésie primitive des Ariens.

Quand Brunhild, qui s'est donnée tout entière à Sigurd, veut le faire tuer par Gunnar, on comprend le mobile qui la fait agir. Sigurd l'a trahie et en a épousé une autre, sous l'influence d'une boisson magique, il est vrai, mais elle ignore cette circonstance; elle continue à l'aimer; elle ne peut le voir dans les bras d'une rivale; qu'il meure plutôt, elle ne lui survivra pas et elle le retrouvera dans la Walhalla au séjour des héros. Les angoisses de son âme déchirée par l'amour et par le désir de la vengeance, son désespoir après que Sigurd a été tué, ses adieux lorsqu'elle monte sur le bûcher, et tous les préparatifs de sa mort constituent un drame d'une sublime énergie auquel rien n'est comparable dans le *Nibelungenôt*.

La peinture de la douleur de Kriemhild, quand elle trouve devant la porte de son appartement le corps de Siegfrid assassiné, est un des plus beaux passages du poème allemand. C'est un tableau plein de force et de vérité, supérieur aux endroits les plus pathétiques de l'*Iliade*. Pourtant la scène analogue de l'*Edda* me paraît encore plus belle. Le premier chant de Gudrun, *Gudrúnarkvida fyrsta*, nous montre la veuve désolée assise auprès du corps inanimé de Sigurd. « Elle ne se tord point les mains, elle ne sanglote point, elle ne pleure point, comme font les femmes. » Son désespoir est muet; elle ne veut pas être consolée, parce qu'il n'est plus. Des épouses de chefs lui racontent leurs malheurs pour adoucir sa peine en lui montrant que d'autres en ont éprouvé de plus grands. Gioflœg lui dit qu'elle a perdu tous ceux qu'elle aimait, son époux, ses fils, ses filles; elle reste seule. Gudrun ne gémit point et ne pleure point : son cœur est comme une pierre; rien ne la touche. Herborg parle à son tour : la mer a englouti ses parents et ses frères; ses fils ont été tués à la guerre, elle-même a été traînée en esclavage par les ennemis, elle n'a plus personne qui puisse la consoler. Gudrun ne pleure point et ne gémit point : rien ne l'émeut. Alors Gullrond leur dit : « Vous ne savez point ce qui peut consoler une épouse désespérée. » Puis elle soulève le linceul qui couvrait Sigurd et elle pose sa tête sur les genoux de Gudrun. « Tiens, lui dit-elle, jette-toi sur ton bien-aimé; de tes lèvres baise ses lèvres chéries comme quand vivait le noble chef. » Alors Gudrun revient à la vie. Enfin elle peut pleurer. Des ruisseaux de larmes inondent ses genoux; elle gémit, elle sanglote, et les oiseaux domestiques répondent à sa plainte désolée. Ses paroles sont simples, sans nulle exagération, mais d'autant plus touchantes, qu'elles sortent d'un de ces cœurs farouches endurcis par le spectacle habituel de toutes les violences de la vie barbare. « Oh! que mon Sigurd était beau! il s'élevait au dessus des fils de Giuki, comme une fleur au dessus de l'herbe. Moi, je paraissais aux guerriers du roi supérieure aux filles d'Odin, et maintenant je suis comme une branche morte parmi les arbres de la forêt. Sur notre banc, dans notre couche, je n'entendrai plus la parole de mon bien-aimé. » Et Gudrun continue ainsi à exhaler sa douleur en paroles touchantes. Brunhild apparaît à la fin de la scène. Elle aussi est affligée, mais son parti est pris : la mort sera son refuge. Néanmoins, quand elle aperçoit la lance qui transperce la poitrine de Sigurd, son cœur se brise, ses yeux lancent des flammes, de sa bouche sort une haleine embrasée : on devine la Walkyrie. Ce chant de Gudrun est sans contredit un des plus beaux de l'*Edda*. La visite des princesses à la veuve de Sigurd ne rappelle-t-elle point celle des amis de Job après sa chute? Dans tout ce que nous connaissons des poésies primitives, il règne je ne sais quel ton de simplicité grave, solennelle, sinistre même, qui nous émeut profondément, parce qu'il vient d'un sentiment intime de ce que la destinée humaine renferme d'incertain, de misérable et de fatal.

Dans la tradition épique de l'*Edda*, le merveilleux est si intimement mêlé à la trame du récit, qu'on voit bien que la distinction du naturel et du surnaturel n'existait point encore au moment où la tradition s'est formée. Odin intervient directement dans l'action. L'auteur de la famille de Sigurd, Sige, est le fils d'Odin. Siegmund, père de Sigurd, tient son épée du dieu même. C'est celui-ci encore qui a endormi la Walkyrie Sigurdrifa (Brunhild) d'un sommeil magique; c'est lui encore qui, sous la forme d'un vieillard, dirige la barque de Sigurd sur les flots. Les trois dieux Hœnir, Loki et Odin se promènent aux bords de la chute du nain Andvari. Ottur vit dans le fleuve sous la forme d'une loutre. Le dragon Fafnir et les aigles parlent. Dans le *Nibelunge-nôt*, le merveilleux est relégué au second plan. Siegfrid se revêt, il est vrai, de la *Tarnkappe*, qui le rend invisible; le trésor est gardé par un nain et par un géant; le sang du dragon a rendu le héros invulnérable; mais ces circonstances ne sont plus en harmonie avec le ton général de l'œuvre; ce sont comme les vestiges d'un monde disparu. Ce n'est plus le merveilleux des temps héroïques tout plein de terreurs mystérieuses et d'émotions religieuses, c'est presque déjà le merveilleux un peu puéril d'un conte de Fées. Ce qui ôte aussi sous ce rapport au *Nibelunge-nôt* une partie de sa signification, c'est l'influence ecclésiastique qui vient se mêler aux souvenirs des temps païens. Ainsi Brunhild, la Walkyrie, et Siegfrid, le Volsung aux yeux de flamme, le descendant d'Odin, le vainqueur du dragon Fafnir, vont à la messe. Il est vrai qu'une fois sortis de l'église et aussitôt que l'action reprend son cours, tous les héros se conduisent comme l'auraient fait les Germains, leurs aïeux. L'auteur aura peut-être fait pratiquer par ses personnages les rites du culte catholique pour les soustraire aux censures du clergé, de même qu'il a multiplié outre mesure les descriptions de tournois, de vêtements, de banquets, pour plaire aux dames et aux chevaliers des petites cours féodales ; mais on regrette ces couleurs disparates qui ne peuvent s'accorder avec le caractère épique de l'ancienne tradition. Dans l'*Edda*, on ne voit aucune trace soit de l'intervention d'un corps sacerdotal ; soit de quelques cérémonies religieuses. Les héros sont soumis aux volontés des puissances célestes, mais ils n'usent d'aucunes pratiques particulières pour se les rendre favorables ; seulement ils sont avides de connaître les runes, c'est à dire les éléments de la science, afin de dompter à leur profit les forces de la nature. L'idée des lois qui président à leurs destinées ne semble point paralyser leur énergie ; ils luttent sans relâche contre la fatalité qui les poursuit et montrent une confiance illimitée en eux-mêmes; mais quand vient leur dernière heure, ils se soumettent à leur sort avec la résignation du sauvage. Ces dispositions de l'âme ne sont peut-être pas les plus favorables à l'observance des principes de la morale, mais elles le sont incontestablement au déploiement de l'individu et par conséquent à la création du personnage épique. Pour que l'épopée germanique atteignît toute la perfection dont elle était susceptible, les circonstances auraient dû permettre qu'elle vînt à maturité et qu'elle trouvât un poète digne d'elle sous l'empire des croyances qui dominent dans l'*Edda* et, avant la conversion des Germains, aux doctrines venues de Rome et de la Judée. Que serait l'*Iliade* si elle avait reçu sa forme dernière d'un Homère élevé dans un couvent du douzième siècle?

Quand on compare l'épopée du Nord à celles des autres peuples, on est frappé du rôle prédominant qu'y remplissent les femmes. Dans l'*Iliade*, Hélène et Briséis sont bien la cause des événements par l'amour qu'elles inspirent, mais elles n'agissent pas elles-mêmes. Ce sont des figures effacées dans l'ombre du gynécée. Dans l'*Edda* et dans le *Nibelunge-nôt*, au contraire, Brunhild et Gudrun ou Kriemhild agissent ; elles dominent toute la scène et attirent l'attention plus même qu'aucun des héros. Ce fait s'explique d'abord par cette croyance des Germains, que dans la femme il y avait quelque chose de divin et de prophétique, *inesse etiam sanctum aliquid et providum putant*, comme dit Tacite ; en second lieu, par les conditions mêmes de la vie des peuples du Nord. L'homme étant sans cesse absorbé par la guerre, par des expéditions maritimes, par la chasse ou la pêche, toute l'énergie de sa pensée était dirigée vers l'action. Il n'existait point d'ordre social régulier qui lui assurât des heures de loisir où il pût développer en paix les facultés de son intelligence. Quand il restait dans sa demeure, il passait la plus grande partie de son temps autour de la table du banquet. Il en résulte que sa prévoyance n'est pas grande et que son esprit est faible. Ses résolutions sont énergiques, mais mobiles, ses passions ardentes, mais la femme peut s'en servir pour s'emparer de sa volonté. Celle-ci, au milieu d'occupations plus sédentaires, réfléchit davantage. Le sens de la vie pratique s'aiguise par la comparaison des événements et par les réflexions qu'ils lui suggèrent; elle apprend à prévoir de loin, à vouloir avec fermeté et à choisir les moyens d'arriver à son but. C'est elle qui inspire son sauvage époux, qui le pousse en avant ou le retient à son gré. Elle règne sur l'homme, par cette raison vraie partout et toujours, que le plus intelligent finit toujours par gouverner le plus fort. Chez les peuples du Nord, elle est la conseillère des guerriers, la prophétesse de la tribu, la dispensatrice de la science. Dans l'histoire et dans le drame aussi bien que dans l'épopée, c'est elle qui mène l'action. Lady Macbeth fait agir son époux, de même que Frédégonde et Brunehaut dominent dans les annales des Mérovingiens. Tacite n'a pas oublié de marquer ce trait caractéristique des mœurs germaniques. « Ainsi la femme ne doit jamais se croire étrangère aux idées de courage, étrangère même aux hasards des combats. Ces bœufs unis, ce cheval préparé, ces armes qu'on lui donne, lui annoncent qu'elle doit oser et souffrir dans la paix et dans la guerre, et qu'ainsi il lui faudra vivre et ainsi mourir. »

Nous voudrions encore montrer, avant de terminer cette étude, comment la poésie épique du Nord a su peindre la bravoure. Sous ce rapport, le poème allemand est même supérieur aux chants islandais, parce qu'il donne les faits avec plus de développements. Les héros de la tradition des Nibelungen ne montrent pour la vie nul dédain ascétique ni nulle indifférence chevaleresque. Ils l'aiment fortement ; ils sont même très attachés à tous les intérêts terrestres, et néanmoins ils ne reculent devant aucun danger et ne trahissent jamais aucune frayeur de la mort. Dans l'*Iliade*, les héros qui fuient ne sont pas rares, et il en est plus d'un qui laisse voir quelque crainte au moment du péril. Dans les Nibelungen, les guerriers pleurent le trépas de leurs amis; aucun ne tremble quand pour lui la mort approche.

Dans l'*Edda*, Hœgni est fait prisonnier; on lui arrache le cœur pour le montrer à Gunnar. « Faites ce que vous voudrez, s'écrie le héros en riant, je défie votre rage. Vous saurez aujourd'hui ce que c'est qu'un brave. » Et Hœgni se met à rire tandis qu'on lui arrache le cœur de la poitrine.

Dans la lutte épouvantable qui termine le *Nibelunge-nôt*, des milliers de guerriers s'entr'égorgent. Pas un ne montre la moindre faiblesse. Le jeune Wolfhart, tombé dans la mêlée, dit à son oncle le vieux Hildebrand : « Qu'on ne me plaigne pas, je meurs en brave de la main d'un noble chef et j'ai vengé ma mort, car j'ai tué cent ennemis. » Tels sont les sentiments qui animent tous les combattants. Cette bravoure qui éclate ainsi en traits saisissants dans les anciennes traditions nous explique les étonnants exploits consignés dans l'histoire, mais qu'on attribuerait plutôt à la légende. Ces Francs qui, faits prisonniers par Probus et transportés sur les bords du Pont-Euxin, se saisissent de quelques vaisseaux marchands, traversent l'Hellespont, dévastent en passant les rivages de la Grèce et de l'Asie, insultent en se jouant à toutes les cités les plus glorieuses de l'antiquité, attaquent Athènes et Carthage, et prennent Syracuse, franchissent les colonnes d'Hercule, et, surmontant dans leurs légers bâtiments les fortes lames de l'Océan, débarquent en triomphe sur les côtes de la Frise, leur patrie; ces Normans, qui faisaient trembler toute l'Europe et qui attaquaient même les villes de la Méditerranée sous les yeux de Charlemagne; cette poignée d'autres Normans qui, revenant de la terre sainte, prennent Amalfi et fondent un royaume qu'ils étendent jusqu'en Sicile par des exploits inouïs : tous ces glorieux pirates sont bien du même sang que les guerriers du *Nibelunge-nôt* et de l'*Edda*. Tous ces héros, ceux de l'épopée et ceux de l'histoire, aiment le danger pour le seul plaisir de le braver. Se battre, jouer leur vie sur un coup d'épée est pour eux un âpre plaisir. Siegfrid arrive au burg où résident ses fidèles; il heurte à la porte : le géant qui la garde s'élance. Le héros n'a qu'à se faire connaître, mais il préfère combattre. Le géant le frappe à grands coups redoublés avec une lourde massue de fer; « Siegfrid était en danger, il voyait approcher la terrible mort, mais il était content (1). » Il ne se nomme que

(1) Les descendants de ces pirates du Nord, les Anglo-Saxons de nos jours, montrent parfois en certaines circonstances qu'ils ont hérité de leurs aïeux le goût désintéressé et presque artistique des combats à outrance et le mépris du danger, sans élan et sans enthousiasme. Ce trait héréditaire du caractère national se révèle, par exemple, dans les luttes de vitesse des bateaux à vapeur sur le Mississipi, et dans la froide intrépidité qui les caractérise au milieu des plus grands dangers.

quand il a vaincu son trop fidèle serviteur.
A la fin du poëme, Hagene et Gunther ont
repoussé pendant deux jours et deux nuits les
assauts redoublés de milliers d'ennemis; ils
survivent seuls : leurs frères, leurs amis, tous
leurs compagnons ont péri. Du côté de leurs
adversaires, il ne reste que Dietrich et maître
Hildebrand. Hagene voit ces deux guerriers
invincibles s'avancer pour venger la mort du
margrave Ruediger. A cette vue, qui aurait
dû abattre son courage et parmi les cadavres
amoncelés de tous ceux qu'il avait aimés, il se
réjouit : « On saura enfin, s'écrie-t-il, quel
est le plus brave! » Cette indomptable valeur,
ce mépris du danger, cette assurance en présence de la mort, s'explique en partie par les
habitudes belliqueuses des peuples du Nord,
en partie aussi par leurs croyances. La certitude
de jouir après la mort d'une vie meilleure les
portait à faire bon marché de celle-ci et leur
entière confiance dans l'immortalité de l'âme
les rendait inaccessibles à la crainte. Celui qui

succombait sur le champ de bataille n'était-il pas conduit dans la Walhalla par les Walkyries, et n'était-ce pas la coutume de plaindre le malheureux sort de celui qui mourait de vieillesse? Quand, dans l'Odyssée, on voit l'ombre d'Achille regretter de ne plus jouir de la vie, fût-ce même dans le corps de Thersyte, on comprend que les Grecs n'échangeaient pas sans regret une existence qui leur semblait si douce contre un avenir d'outre-tombe qui leur apparaissait sous de si sombres couleurs.

D'après tout ce qui précède, on a pu se convaincre que l'histoire des origines et du développement de la tradition épique des Nibelungen confirme la théorie générale de la formation de l'épopée nationale, en même temps qu'elle en éclaire d'un jour nouveau certains points demeurés obscurs. Mais, en outre, de cette étude ressort aussi, nous semble-t-il, une conclusion générale qui pourrait peut-être trouver des applications même en dehors du domaine des lettres. C'est à tort qu'on a voulu attribuer exclusivement à l'invention individuelle des hommes supérieurs les grandes œuvres où éclate le génie humain, car c'était méconnaitre le travail préparatoire de la pensée collective du peuple qui rend ces œuvres possibles. C'est aussi à tort que des systèmes récents, qui tendent à effacer partout l'action de l'individu pour ne voir que celle de l'humanité, ont attribué tout mérite aux élaborations anonymes, mystérieuses, spontanées, qui s'opèrent lentement au sein des masses : c'était nier la glorieuse initiative des grands hommes. Ces théories absolues tombent devant l'examen des faits mieux connus. Ceux-ci montrent, d'une part, que le génie d'un poète quelque puissant qu'il soit, ne l'est pas assez pour créer de toutes pièces l'épopée nationale : seule, l'imagination d'un peuple peut donner naissance à des types, à une action, à un merveilleux qu'adoptent la foi et l'enthousiasme populaires ; seule, elle peut les faire vivre dans ce qu'on pourrait appeler l'atmosphère épique.

Les créateurs du drame eux-mêmes, Eschyle, Sophocle, Corneille, Shakespeare, se sont appuyés sur les données que leur a fournies la légende. Mais, d'autre part, il n'est pas moins démontré que seul aussi le génie individuel donne à l'œuvre collective, élaborée par les masses, une forme définitive, et parvient, en fixant la tradition en traits durables, à la sauver de l'oubli où sont allées s'engloutir tant de légendes gracieuses ou terribles, enfantées par l'imagination des peuples pendant le cours des siècles. On ne doit donc nier ni la part d'action qui appartient aux masses, ni celle qui ne peut venir que du grand artiste. Pour créer cette œuvre unique et merveilleuse, la véritable épopée nationale, il faut le travail combiné d'une nation douée du sentiment de l'idéal et d'une imagination poétique, et d'un poète en qui le génie de sa race trouve sa plus haute expression et qui soit réellement ce qu'Emerson appelle un homme *représentatif*. Enfin pour que cet heureux concours des facultés les plus puissantes de l'individu et des instincts les plus sublimes de la foule arrive à produire une composition vraiment grande et belle, il faut que celle-ci sorte d'une tradition qui ait subi la fécondation du temps et, si on ose le dire, l'incubation des siècles.

PRÉFACE

On connait sous le nom d'*Edda* deux recueils écrits dans la langue qu'on parlait en Islande au moyen âge. Le premier contient des pièces de vers détachées, c'est l'*Edda* attribuée à Sœmund. Le second renferme des récits en prose et on l'appelle l'*Edda* de Snorri. Tout le monde s'accorde à affirmer, et pour de bonnes raisons, que Sœmund n'est pas l'auteur des antiques compositions en tête desquelles son nom est inscrit : il n'a fait que recueillir des chants, des poésies, des traditions datant d'une époque plus reculée et conservés par la mémoire du peuple.

Mais ce recueil a-t-il été fait par Sœmund et portait-il primitivement ce titre d'*Edda*, qui par une belle synonymie signifie à la fois *science* et *aïeule?* Voilà deux questions bien débattues mais non résolues, et qui probablement comme tant d'autres ne le seront jamais d'une façon péremptoire. L'évêque de Skalholt en Islande, Brynjolf Swendsen, qui trouva, en 1643, le plus ancien manuscrit de l'*Edda*, le *Codex regius*, y inscrivit de sa main le titre de *Edda Sœmundar hinns fróda*, ce qui signifie Edda de Sœmund le Savant. On ignore si l'évêque, en ce faisant, s'appuyait uniquement sur la tradition, ou bien s'il possédait des indications plus précises. Ce que l'histoire nous apprend, c'est que vers la fin du onzième siècle vivait en Islande un prêtre du nom de Sœmund, très renommé pour son savoir. Il appartenait à une ancienne famille d'origine norwégienne, qui avait embrassé le christianisme vers l'an mille, en même temps que tous les autres habitants de l'île. Son désir de s'instruire le poussa à visiter l'Allemagne et même Paris. De retour dans sa patrie, il s'appliqua à réunir les traditions du paganisme scandinave, dont les autres prêtres s'efforçaient de faire disparaître jusqu'aux dernières traces. L'intérêt si vif qu'il portait aux souvenirs d'un culte détesté alors par les nouveaux convertis comme une inspiration diabolique, lui valut la réputation de sorcier. Né entre 1054 et 1057, il mourut vers 1133.

A l'école latine, qu'il avait fondée sur son domaine héréditaire à Oddi, s'instruisit Snorri-Sturluson (né en 1178, mort en 1241), qui écrivit le *Heimskringla*, la grande histoire du Nord, mais qui probablement ne rédigea pas l'*Edda* qui porte son nom. Ce recueil comprend deux morceaux différents : 1° l'aveuglement de Gylfi (*Gylfaginning*); 2° les entretiens de Bragi (*Bragarodur*). A la suite se trouvait un recueil de règles poétiques et d'exemples de poésie, le *Skaldskaparmal*, qui avait pour but d'enseigner l'art des Skaldes aux jeunes gens désireux d'apprendre à célébrer les antiques traditions religieuses et héroïques, patrimoine intellectuel de la nation. Il paraît établi que Snorri n'a point composé les pièces que contiennent l'*Edda* et la *Skalda*, il n'a fait que les recueillir. Les trente sept pièces que l'*Edda* de Sœmund renferme, sont toutes, sauf deux en prose, écrites en vers, marqués non par la rime, mais par l'allitération. Cependant dans beaucoup d'entre elles on trouve quelques lignes de prose attribuées au compilateur. Elles ont pour but tantôt d'introduire les personnages, tantôt de suppléer à certaines parties du chant qui semblent ne point s'être retrouvées, tantôt de lui donner une conclusion. Seize de ces pièces sont consacrées aux traditions de la mythologie scandinave, aux *Gœtersagen*, comme disent très bien les Allemands, c'est à dire aux sagas des dieux. Vingt et une autres contiennent des *Helden sagen*, des sagas héroïques. Parmi celles-ci, quinze se rapportent aux personnages et aux événements du poème du *Nibelunge-nôt*. Ce sont celles-là que nous avons cru devoir traduire, afin qu'on puisse comparer la légende épique de Sigurd et de Gunnar, telle qu'elle nous apparaît dans les poésies scandinaves, avec celle que nous offre le poème germanique.

On ignore complétement qui a pu composer les poésies qui forment l'*Edda* de Sœmund. On reconnaît très clairement qu'elles ne remontent pas toutes à la même époque. D'après les érudits dont l'opinion a le plus de poids, les plus anciennes, dans la forme où nous les possédons, remonteraient au huitième siècle. Quelques-unes, comme les chants groenlandais d'Atli, ne dateraient que du neuvième siècle, et même une d'entre elles, le troisième chant de Gudrun, pourrait être attribuée à Sœmund, d'après P. E. Muller. Si presque toutes ces poésies sont antérieures au neuvième siècle, il en résulte qu'elles n'ont pu être composées en Islande, puisque cette île n'a été peuplée que vers 880 par les familles norwégiennes fuyant la tyrannie de Harold aux Beaux Cheveux.

Comme presque toutes les poésies populaires, les chants de l'*Edda* sont d'auteurs inconnus, parce qu'ils sont sortis de l'inspiration spontanée de la muse populaire. Les Skaldes norwégiens leur ont sans doute donné la forme modifiée que Sœmund a fixée définitivement en la confiant à l'écriture. Les sagas héroïques viennent incontestablement de l'Allemagne, ainsi que nous l'avons indiqué précédemment dans notre étude sur la formation de l'épopée. Quant aux sagas mythologiques, comme elles constituent le fonds même des croyances religieuses, que les races blondes du Nord ont emportées avec elles en même temps que leur langue, quand elles ont quitté les hauts plateaux de l'Asie, on peut dire qu'elles appartiennent également aux Scandinaves et aux Germains.

Le premier chant qui concerne la tradition épique de Sigurd est intitulé : *Sigurdarkvida Fâfnisbana fyrsta eda Grepisspá*, c'est à dire le premier chant de Sigurd vainqueur de Fafnir et les prédictions de Gripir. C'est un dialogue entre Sigurd et Gripir, « le plus sage de tous les hommes et qui connaît l'avenir. » Sigurd veut connaître sa destinée et Gripir finit par la lui dévoiler. C'est comme un résumé rapide de toute la saga. Ces prédictions de l'avenir sont fréquentes dans l'*Edda*. Elles répondaient aux croyances populaires et elles permettaient au poète de faire mieux saisir à ses auditeurs la liaison des divers événements de la tradition. Le second chant de Sigurd (*Sigurdarkvida Fâfnisbana œnnur*) montre le héros à la cour du roi Hialprek où il est élevé par Regin. Regin raconte à Sigurd l'origine du trésor que son frère Fafnir garde sur la Gnitaheide sous

la forme d'un dragon. Il pousse le jeune homme à
tuer Fafnir, mais Sigurd venge d'abord son frère
Siegmund en tuant les fils de Heinding. Odin
prend la forme d'un vieillard pour guider la
barque du héros. Toute cette partie de la tradition est étrangère au *Nibelunge-nôt*. Ces souvenirs
de la mythologie païenne conservés dans le Nord
avaient dû se perdre en Allemagne sous l'influence des idées chrétiennes. Le chant de Fafnir
(*Fâfnismal*) raconte comment Sigurd tua d'abord
le dragon, puis Regin lui-même qui voulait
l'égorger pour rester seul maître du trésor. Nous
sommes encore ici sur le terrain des mythes antiques. Le dragon Fafnir s'entretient avec son vainqueur, les oiseaux parlent et Sigurd comprend
leur langage, après que ses lèvres ont goûté du
sang qui coule du cœur du dragon. Dans le
Nibelunge-nôt on ne retrouve plus qu'un écho,
affaibli, de ces vieilles sagas. Quand Siegfrid
arrive à la cour burgonde, Hagene, qui le reconnaît, dit quelques mots des exploits du héros. Il
sait qu'il a tué le dragon ; mais il ajoute qu'il s'est
baigné dans le sang du monstre, ce qui l'a rendu
invulnérable, circonstance dont les chants de

l'*Edda* ne savent rien et qui ne tend pas à relever la bravoure de Siegfrid. C'est une façon matérielle et grossière d'exprimer sa force et son courage : elle doit être postérieure à l'*Edda*. On la retrouve dans une légende du moyen âge, le *Hœrner Siegfried* (Siegfrid à la peau de corne), et déjà le *Nibelunge-nôt* remarque que sa peau est dure comme de la corne.

Hagene sait aussi que Siegfrid a conquis un inépuisable trésor. Seulement ce n'est pas en tuant le dragon, c'est en tuant les deux fils du roi Nibelung qui se disputaient le riche héritage de leur père.

Ainsi toute cette partie de la tradition épique n'est entrée dans le *Nibelunge-nôt* que déformée et effacée. On sent qu'on a quitté depuis longtemps la région des anciens mythes germaniques et scandinaves.

Le chant de Sigurdrifa (*Sigrdrifumal*) nous montre Sigurd se dirigeant, après sa victoire sur le dragon, vers le pays des Francs. Monté sur son cheval Grani, il franchit les flammes qui entourent le burg où repose la Walkyrie, Sigurdrifa, endormie d'un sommeil magique par l'ordre d'Odin dont elle a méconnu les volontés, Sigurdrifa, dont le nom de femme est Brynhild, se réveille; elle accorde son amour à celui qui l'a délivrée et lui apprend les runes. Dans le *Nibelunge-nôt* toutes ces circonstances sont oubliées. Il est dit seulement que Siegfrid connaissait déjà Brunhild, et on devine que même après qu'elle a épousé Gunther, elle aime encore le jeune chef, mais on s'aperçoit que le sens et l'enchaînement de l'antique tradition sont perdus. Dans l'*Edda*, où Sigurd a trahi Sigurdrifa, qui l'aime toujours et qui se venge en le faisant assassiner, le nœud de l'action est plus simple et plus naturel.

Le troisième chant de Sigurd, vainqueur de Fafnir (*Sigurdharkvidha Fafnisbana thridhja*), n'est, d'après Lachmann, que le développement d'un chant plus ancien. Il dit en quelques mots que Sigurd a conquis Brynhild pour Gunnar, puis il peint l'amour persistant de Brynhild et sa jalousie. Elle pousse Gunnar à tuer celui qu'elle aime, mais c'est le jeune frère de celui-ci, Guthorm, qui assassine le héros, tandis qu'il reposait à côté de Gudrun. Dans le *Nibelunge-nôt*, Siegfrid est tué par Hagene dans une grande chasse au delà du Rhin. Ici Brynhild, désespérée, se tue et prédit, avant de mourir, que Gudrun épousera Atli, et que celui-ci fera périr Gunnar, pour venger l'honneur d'Oddrun que Gunnar séduira. Tout ce chant est fort beau et peint bien les anciennes mœurs scandinaves.

Le morceau qui porte le titre de *Brot af Brynhildarkvidhy*, (fragment d'un chant de Brynhild) se rapporte aussi à la mort de Sigurd ; mais ici on a suivi la tradition allemande qui fait périr le héros dans une forêt loin de sa demeure, comme dans le *Nibelunge-nót*, seulement c'est aussi le jeune Guthorm qui lui porte le coup mortel.

Le chant intitulé *Helreidh Brynhildar* ne fait connaître aucun nouveau fait important de la légende. Brynhild morte et descendue dans le royaume de Hel, raconte comment Sigurd l'a délivrée du sommeil magique auquel Odin l'avait condamnée. Cette poésie a un caractère vraiment épique et paraît très ancienne.

Le morceau suivant, *Gudrunarkvidha fyrsta* est moins ancien, mais il est encore plus beau. Il a pour but de peindre la douleur de Gudrun après la mort de son époux et il le fait d'une manière sublime. C'est une des rares pièces de l'*Edda* qui soit tout à fait lyrique et qui ne contribue pas à faire marcher l'action.

Le récit en prose *Drap Niflunga*, la mort des Niflungen, est probablement rédigé par le compilateur de l'*Edda*. C'est le résumé rapide de tous les événements qui suivirent le meurtre de Sigurd.

Le deuxième chant de Gudrun, *Gudrunarkvidha œnnur*, nous montre la veuve de Sigurd racontant ses douleurs au roi Thidrek, exilé auprès d'Atli. Nous y voyons comment Gudrun a consenti à épouser Atli après que sa mère Grimhild lui a fait boire la coupe de l'oubli. Le *Nibelunge-nôt* ne s'est pas trop éloigné ici de la tradition contenue dans l'*Edda*, quoiqu'il soit évident que le poème du douzième siècle est puisé à des sources allemandes et non aux sources scandinaves.

Le troisième chant de Gudrun, *Gudrunarkvidha thridhja*, rapporte une circonstance dont il n'y a pas trace dans le *Nibelunge-nôt*. Herkia, la Erke historique de Priscus, est, d'après la tradition allemande, la première femme d'Etzel, et il n'épouse Grimhild qu'après sa mort. Ici Herkia est une servante d'Atli, sa maîtresse sans doute, qui jalouse de Gudrun l'accuse d'avoir eu des relations coupables avec Thidrek. Gudrun se justifie par l'épreuve de l'eau bouillante, et Herkia, convaincue de calomnie, est étouffée dans un marais, suivant les anciennes coutumes germaniques.

La plainte d'Oddrun, *Oddrunargratr*, est, d'après tous les critiques, une composition relativement récente qui rapporte des faits étrangers à l'ancienne tradition. Oddrun est la sœur d'Atli. Gunnar l'aurait séduite, et c'est pour la venger qu'Atli attire les Niflungen à sa cour pour les faire périr. Dans le troisième chant de Sigurd, une strophe rappelle aussi ces faits, mais on suppose qu'elle est interpolée. En tous cas, d'après la tradition ancienne, Atli fait mourir Gunnar et Högni, pour venger Brynhild et non Oddrun.

Les deux chants suivants, *Atlakvidha* et *Atlamal*, — nommés chants groenlandais, parce qu'ils furent composés dans la province norwégienne, le Groenland, — racontent tous deux les mêmes événements, seulement le second les rapporte avec plus de développements que le premier. Nous sommes ici sur le même terrain que dans la seconde partie du *Nibelunge-nôt*. Atli envoie des messagers à Gunnar et à Högni pour les engager à venir à sa cour. Quoiqu'ils prévoient le danger qui les y attend, ils s'y rendent. Ils sont aussitôt assaillis et ils succombent malgré leur valeur. On arrache le cœur d'Högni et Gunnar est jeté dans la tour aux serpents. Seulement ici se manifeste une différence fondamentale avec le poème du douzième siècle. Dans l'*Edda*, Gudrun veut sauver ses frères; elle les avertit du piége, puis elle combat à leur côté, et quand ils sont tués, pour les venger elle égorge Atli et ses propres enfants. Elle obéit au sentiment qui liait les membres d'une même famille, c'est là la manière de sentir des temps primitifs. Dans le *Nibelunge-nôt* au contraire, c'est elle et non Etzel qui provoque la mort de ses frères. Elle veut venger son mari; l'amour que l'épouse éprouve pour l'époux est le sentiment le plus fort.

Le chant intitulé *Gudrunarhvœt* semble étranger à la tradition primitive et il paraît certain que le *Chant de harpe* de Gunnar, découvert après l'*Edda* n'est qu'une imitation moderne des chants anciens, comme les poésies d'Ossian.

Le caractère propre des chants de l'*Edda* consiste, suivant W. Grimm, en ceci que jamais ils ne visent à donner un récit complet de la *Saga* : ils la supposent connue et ils se bornent à mettre en relief les faits qui devaient le plus frapper les auditeurs. Il est tenu peu de compte de la succession des événements; le passé, le présent et l'avenir sont souvent confondus, et nulle part on ne retrouve le développement graduel d'un récit épique. Les plus beaux chants, les plus anciens, ne renferment que des dialogues; les strophes narratives servent seulement de transition. Souvent un fait saillant est indiqué en un seul mot : ainsi une ligne suffit pour raconter la mort de Sigurd : « Il était facile d'exciter Guthorm. L'épée avait transpercé le cœur de Sigurd. » Cette rapidité, cette brièveté énergique produit un grand effet, mais elle ne peut suffire au récit épique. L'expression est noble, simple, nette, sans ornement aucun. Les longues et majestueuses comparaisons dans le genre de celles d'Homère manquent complétement, seulement chaque mot est pour ainsi dire une image, et fréquemment une personne ou un objet est désigné par un trait qui peint vivement l'impression que ces choses doivent produire. L'art fait défaut; il n'y a nulle recherche de style, nulle préoccupation de l'effet, nulle idée esthétique. Ce sont bien là les productions spontanées de la muse populaire, et c'est cela même qui en fait le prix pour l'histoire comparée des littératures. On sait que des chants semblables à ceux de l'*Edda* ont précédé les grandes épopées nationales de l'Inde et de la Grèce. Mais ils sont perdus sans avoir laissé de traces. Ici nous pouvons saisir les germes de l'épopée germanique et nous faire ainsi une idée du caractère général de cette période de la formation épique. De même que les astronomes distinguent dans le ciel des germes d'étoiles futures, de la matière cosmique ou sidérale en voie de développement, ici nous pouvons étudier la matière épique, avant qu'elle ait pris la forme définitive d'une épopée complète, achevée.

PREMIER CHANT DE SIGURD

VAINQUEUR DE FAFNIR

OU

LA PROPHÉTIE DE GRIPIR

Gripir était fils d'Eylimi et frère de Hiœrdi. Il régnait sur plus d'un pays; il était le plus savant des hommes et il connaissait l'avenir. Sigurd chevauchant seul arriva au palais de Gripir. Il était facile de reconnaître le héros. Il rencontra devant le palais un homme qui s'appelait Geitir et il lui adressa la parole. Sigurd l'interrogea et dit (1) :

Qui habite en ce palais? Comment nomme-t-on le roi de ce pays?

GEITIR.

Il s'appelle Gripir, le chef des guerriers qui gouverne ce royaume, et ceux qui l'habitent.

---

(1) Les passages imprimés en petits caractères sont en prose dans l'original, le reste est en vers.

SIGURD.

Le roi est-il ici, et voudrait-il m'accorder un entretien ? Un inconnu désire lui parler. Je voudrais voir Gripir, le plus tôt qu'il se peut.

GEITIR.

Le bon roi demandera à Geitir comment se nomme celui qui désire lui parler.

SIGURD.

Je m'appelle Sigurd ; je suis le fils de Sigmund, et ma mère est Hiœrdi.

Geitir alla dire à Gripir : « Un inconnu de noble apparence vient d'arriver, et il désire vous entretenir. »

Le roi puissant sortit de son appartement et salua amicalement le chef étranger : « Accepte l'hospitalité, ô Sigurd : pourquoi n'es-tu pas venu plus tôt ? Va, Geitir, et conduis son cheval Grani. »

Ils se mirent à causer et se dirent beaucoup de choses ; quand ils se virent ainsi, ces sages guerriers : « Dis-moi, si tu le peux, ô frère de ma mère, quelle sera la destinée de Sigurd ? »

GRIPIR.

Tu deviendras le chef le plus puissant de la

terre, et tu seras considéré comme le plus noble des rois. Prompt à donner, lent à maudire, beau de visage, et sage en paroles.

SIGURD.

Dis-moi, roi magnanime, mieux que Sigurd ne peut le demander, dis-moi, ô voyant, ce que tu dois apercevoir? Que m'arrivera-t-il d'heureux quand j'aurai quitté ce palais?

GRIPIR.

D'abord, en combattant tu vengeras ton père, et tu tireras vengeance de tout ce qu'Eylimi a souffert. Tu tueras les fils de Hunding, ces guerriers forts et rapides, et tu obtiendras la victoire.

SIGURD.

Parle, noble roi, mon parent, fais-moi tout connaître, puisque nous parlons à cœur ouvert. Vois-tu les exploits de Sigurd s'élever jusqu'à la voûte des cieux?

GRIPIR.

Seul tu tueras le terrible dragon qui brille couché sur la Gnitaheide. Tu mettras à mort les deux frères Regin et Fafnir. Voilà ce que voit Gripir.

SIGURD.

Si je parviens, comme tu l'annonces, à vaincre

ces guerriers, je deviendrai le maître de grands trésors; mais que ton esprit pénètre plus avant et me fasse connaître quelle sera ensuite ma destinée.

GRIPIR.

Tu trouveras l'or sur lequel Fafnir est couché, et tu emporteras le trésor brillant; chargeant Grani de ces richesses, tu chevaucheras vers Giuki, ô vaillant héros.

SIGURD.

O roi, qui vois l'avenir, tu en diras plus encore au chef dans cet entretien amical. Je deviens l'hôte de Giuki, et puis je le quitte : quelle sera ensuite ma destinée?

GRIPIR.

Après la mort d'Helgi, sur un rocher dort la fille du roi, belle sous son armure. Tu coupes sa cotte de mailles du tranchant de ta bonne épée qui a tué Fafnir.

SIGURD.

La cotte de mailles s'entr'ouvre. Elle se met à parler, la jeune fille, la belle, tirée ainsi de son sommeil. Que dira la voyante à Sigurd qui puisse être utile à ce héros?

GRIPIR.

Elle t'enseignera les runes puissants que tous les hommes voudraient connaître ; elle t'apprendra à parler toutes les langues et à distinguer les baumes qui guérissent. Salut, ô roi !

SIGURD.

Tout est bien ; j'ai recueilli la science, et je suis prêt à chevaucher plus loin. Que ton esprit pénètre plus avant et me fasse connaître quelle sera ensuite ma destinée.

GRIPIR.

Tu arriveras dans la demeure de Heimir, et tu deviendras l'hôte heureux de ce chef des peuples. Je ne vois point plus loin, Sigurd ; tu ne dois plus rien demander à Gripir.

SIGURD.

Tes paroles me troublent, car certes, ô roi ! tu vois encore plus loin. Aperçois-tu quelque terrible malheur pour Sigurd, que tu veuilles le lui cacher, ô Gripir?

GRIPIR.

J'ai pu voir devant moi dans tout son éclat le

printemps de ta vie. C'est à tort qu'on m'a nommé un sage et un voyant. J'ai dit ce que je savais.

SIGURD.

Je ne connais personne sur la terre qui voie aussi bien dans l'avenir que toi, Gripir. Tu ne dois pas me cacher ce qu'il peut y avoir de sombre dans ma destinée, pas même mes méfaits.

GRIPIR.

Aucun méfait ne souillera ta vie; quitte ce souci, noble chef. Aussi longtemps qu'il y aura des hommes, ô prince des épées acérées, ton nom sera honoré.

SIGURD.

Puisqu'il en est ainsi, ce qui m'afflige le plus c'est que Sigurd doive se séparer ainsi du voyant. Montre-moi le chemin, ô frère de ma mère, puisque tu le peux. Tout d'ailleurs est déterminé d'avance.

GRIPIR.

Je dirai tout à Sigurd, puisque le guerrier m'y oblige. Sache-le, car c'est la vérité, le jour de ta mort est fixé.

SIGURD.

Je ne veux pas t'irriter, noble roi, mais je

désire obtenir tes bons avis, ô Gripir. Je voudrais savoir quel est le sort, quelque terrible qu'il soit, qui attend Sigurd.

GRIPIR.

Près de Heimir il est une jeune fille, belle de visage, qui s'appelle Brynhild. Elle est fille de Budli, et le bon Heimir veille sur la vierge au cœur fier.

SIGURD.

Qu'ai-je à craindre de la jeune fille belle de visage qu'élève Heimir? Voilà ce que tu dois me dire, Gripir, car tu vois tout dans l'avenir.

GRIPIR.

Elle t'enlèvera le bonheur, la belle vierge que Heimir élève. Tu ne dormiras plus du bon sommeil, tu ne jugeras plus les différends, tu éviteras les hommes, quand tu auras vu la jeune fille.

SIGURD.

Rien n'adoucira-t-il les soucis de Sigurd? Dis-le moi, Gripir, car tu le vois. Ne puis-je acheter avec le trésor des fiançailles la vierge, la charmante fille d'un roi puissant.

GRIPIR.

Vous échangerez tous les serments les plus

sacrés, mais vous en tiendrez peu. Que pour une nuit seulement tu deviennes l'hôte de Giuki et ton cœur aura oublié la vierge qu'élève Heimir.

SIGURD.

Comment donc? Gripir, réponds-moi? Vois-tu l'inconstance dans mon âme? Ne garderais-je pas ma foi envers la jeune fille que je parais aimer du fond du cœur?

GRIPIR.

Tu agiras ainsi, chef, par les ruses d'autrui. Les conseils de Grimhild te perdront. La femme aux voiles blancs t'offrira sa propre fille : elle te trompera, ô roi.

SIGURD.

Si je m'allie à Gunnar et à son frère, et si je deviens le fiancé de Gudrun, je serai très heureux, à moins que je ne doive craindre la trahison.

GRIPIR.

Grimhild t'enivrera complétement. Elle t'amènera à conquérir Brynhild pour la remettre aux mains de Gunnar, le roi des Goths. Tu te hâtes trop de promettre cette entreprise à la mère de ce chef.

SIGURD.

De mauvaises actions vont se commettre, je le vois. La volonté de Sigurd est troublée, si je dois obtenir pour un autre la vierge charmante que j'aimais moi-même.

GRIPIR.

Vous échangerez vos serments, Gunnar, Högni et toi, héros, le troisième. En chemin, Gunnar et toi, vous prendrez la forme l'un de l'autre; Gripir ne ment pas.

SIGURD.

Pourquoi ferons-nous cela? Pourquoi, en chemin, prendrons-nous la forme l'un de l'autre? Je soupçonne déjà que d'autres tromperies plus noires vont suivre : parle encore, Gripir.

GRIPIR.

Voilà que tu as pris les traits et la forme de Gunnar, mais tu conserves ta parole et tes sentiments élevés. Et ainsi tu engages ta foi à la noble pupille de Heimir : personne ne peut l'empêcher.

SIGURD.

Ce qui me paraît le plus affreux, c'est que

Sigurd passera pour un fourbe, si les choses arrivent ainsi. Ce serait malgré moi qu'avec tant de perfidie j'abuserais la fille des héros, dont je connais le grand cœur.

GRIPIR.

Tu reposeras près de la vierge, chef des armées, comme auprès de ta mère. C'est pourquoi, ô prince des peuples, tant qu'il y aura des hommes, ton nom sera honoré.

Le même jour on boira aux noces de Sigurd et de Gunnar dans les salles de Giuki. Vous changerez de nouveau entre vous de visage et de forme, mais chacun gardera son cœur.

SIGURD.

Gunnar, ce héros magnanime, obtiendra-t-il une chaste épouse, dis-le moi, Gripir, après que la noble fiancée du guerrier aura couché trois nuits à mes côtés? cela serait inouï.

Cette alliance sera-t-elle un bonheur pour nous tous. Dis-moi, Gripir, aurons-nous lieu de nous en réjouir, Gunnar et moi?

GRIPIR.

Tu te souviens de ton serment, mais tu dois te taire. Tu gardes à Gudrun l'affection d'un époux;

seulement Brynhild pense qu'elle est mal mariée et cette femme habile songe à se venger par ruse.

SIGURD.

Quelle amende acceptera cette femme que nous avons trompée pour la marier. J'ai fait des serments à la noble jeune fille et je ne les ai pas gardés et elle a perdu le repos.

GRIPIR.

Elle dira à Gunnar que tu n'as pas été fidèle à ta promesse, tandis que ce chef, l'héritier de Giuki, avait placé en toi toute sa confiance.

SIGURD.

Qu'en est-il de tout cela? Gripir, réponds-moi. Aurais-je été coupable ou la femme digne d'amour nous calomnie-t-elle tous deux? Parle, ô Gripir.

GRIPIR.

Par peine de cœur et grand souci, la noble femme te calomniera. Quoique par ruse tu aies trompé la reine, tu respectas toujours la belle jeune fille.

SIGURD.

Obéiront-ils à ses suggestions, le sage Gunnar, Guthorm et Högni? Les fils de Giuki rougirontils leurs épées dans mon sang, à moi, leur parent ? Parle, Gripir.

GRIPIR.

De colère, le cœur de Gudrun se brise quand ses frères ont résolu ta perte. Cette femme vertueuse vit désormais privée de joie : voilà ce qu'a fait Grimhild.

Voici ce qui peut te consoler, ô chef d'armée ; telle doit être ta vie, ô roi, que jamais sur la terre ou sous le soleil n'aura paru un homme comme toi, Sigurd.

SIGURD.

Séparons-nous donc gaîment : nul ne peut vaincre le sort. Tu as accédé à ma demande, Gripir, et si cela avait dépendu de toi, tu m'aurais annoncé une destinée plus heureuse.

DEUXIÈME CHANT DE SIGURD

VAINQUEUR DE FAFNIR

———

Sigurd se rendit là où Hialprek élevait ses chevaux, et parmi ceux-ci il se choisit un étalon qui depuis lors fut appelé Grani. Regin fils de Hreidmar, était arrivé près de Hialprek. Il était le plus habile des hommes et un nain de stature. Il était savant et méchant et connaissait les sortiléges. Regin entreprit d'élever Sigurd : il l'instruisit et l'aimait beaucoup. Il raconta à Sigurd l'histoire de ses aïeux et leurs aventures et comment Odin, Högni et Loki arrivèrent à la cascade d'Andvari. Dans cette chute d'eau il y avait une grande quantité de poissons. Un nain qui s'appelait Andvari vivait depuis longtemps près de cette chute sous forme de brochet et il y prenait sa nourriture. « Notre frère s'appelait Otur, dit Regin, et il nageait souvent dans la chute sous forme d'une loutre. Un jour il avait pris un saumon et il le mangeait au bord de l'eau, les yeux à moitié fermés lorsque Loki le tua d'un coup de pierre. Les Asen s'estimèrent très heureux et dépouillèrent la loutre de sa peau. Le même soir ils prirent gîte chez Hreidmar et lui montrèrent leur proie. Nous mîmes les mains sur eux et nous leur imposâmes pour prix du meurtre, qu'ils rempliraient d'or la peau de la loutre et qu'ils la recouvriraient extérieurement d'or rouge. Ils envoyèrent Loki pour aller chercher l'or. Il se rendit auprès de Ran (1) et obtint d'elle son filet ; il jeta le filet devant le brochet et le brochet s'y engagea. Alors Loki parla ainsi :

Quel est ce poisson qui nage dans la rivière et qui ne sait pas se préserver du piége? Sauve maintenant ta tête des rets de Hel (2) et livre-moi la flamme des eaux, l'or brillant.

LE BROCHET.

Je m'appelle Andvari, mon père se nomme Odin. Je franchis maintes cascades.

Il y a longtemps, une Norne ennemie m'a condamné à nager dans ces eaux.

LOKI.

Dis-moi, Andvari, si tu veux retourner encore

---

(1) Ran était l'épouse d'OEgir, dieu de la mer.
(2) La divinité de ceux qui mouraient sans avoir combattu.

parmi les mortels, de quelle peine on frappe les
fils des hommes, qui manquent à leur paroles?

ANDVARI.

Des peines terribles attendent ces fils des
hommes; ils sont plongés dans le Wadgelmir (1).
Celui qui trompe les autres par des mensonges en
subit bien longtemps la peine.

Loki voyait tout l'or que possédait Andvari. Mais
quand celui-ci eut livré tout le trésor, il retenait encore un anneau. Loki le lui enleva aussi. Le nain se
rendit au Burg et dit :

Maintenant cet or que Gustr possédait causera
la mort de deux frères et de huit nobles guerriers.
Nul ne jouira de mon or.

Les Asen délivrèrent le trésor à Hreidmar, rempli-
rent la peau de la loutre et la placèrent debout sur ses
pieds. Les Asen devaient encore l'entourer d'or et l'en
couvrir complétement. Quand cela fut fait, Hreidmar
s'approcha et vit un poil du museau et exigea qu'on le
couvrît aussi. Odin prit l'anneau Andvara-naut et cacha le poil sous l'anneau.

(1) Un des fleuves souterrains.

LOKI.

Je t'ai donné de l'or pour racheter ma vie, mais il ne portera pas bonheur à ton fils. Il sera la cause de votre mort à tous deux.

HREIDMAR.

Tu m'as donné ce trésor, mais non comme un don d'amitié. Vous auriez perdu la vie si j'avais prévu le danger.

LOKI.

Je crois voir des choses encore plus terribles. On se battra pour une femme. Ils ne sont pas encore nés les nobles guerriers pour qui cet or sera une cause de discorde.

HREIDMAR.

Cet or rouge m'appartiendra aussi longtemps que je vivrai. Je ne crains point tes menaces, mais retirez-vous d'ici.

Fafnir et Regin exigèrent de leur père une part de la composition payée pour la mort de leur frère. Mais Hreidmar refusa. Alors Fafnir saisissant son épée, tua son père Hreidmar pendant son sommeil. Hreidmar cria à ses filles :

Lyngheide et Lofnheide ! c'en est fait de ma vie. Malheureux ! Je demande vengeance.

LYNGHEIDE.

Il n'appartient pas à la sœur, même quand elle voit son père assassiné, de venger le crime sur son frère.

HREIDMAR.

Aie une fille, vierge au cœur du loup, si tu ne dois pas donner le jour à un fils. Qu'on donne un époux à la jeune fille : ainsi l'exige le destin, et son fils accomplira la vengeance.

Hreidmar mourut, et Fafnir prit tout l'or pour lui seul. Regin réclama sa part de l'héritage paternel; mais Fafnir refusa. Alors Regin alla demander conseil à Lyngheide sa sœur, pour savoir comment il obtiendrait sa part d'héritage. Elle répondit :

Réclame amicalement de ton frère ta part d'héritage et de meilleurs sentiments. Il ne te convient pas de demander ton bien l'épée à la main.

Voici ce que Regin raconta à Sigurd. Un jour qu'il se rendit à la demeure de Regin, il fut bien reçu. Regin parla :

Voilà que le fils de Sigmund est venu en ma

demeure, ce vaillant héros. Il a plus de courage que moi qui ne suis qu'un vieillard. J'aurai bientôt à combattre contre le loup terrible.

Il faut que je veille sur le héros, sur le descendant d'Yngwi qui est venu vers nous. Il sera le plus puissant des hommes et le bruit de ses exploits ordonnés par le destin, remplira l'univers.

Sigurd demeura constamment auprès de Regin et celui-ci dit à Sigurd que Fafnir était couché sur la Gnita-Heide sous la forme d'un dragon. Il possédait l'ögishelm qui faisait reculer tous les mortels. Regin forgea pour Sigurd une épée qui s'appelait Gram. Le fil en était si tranchant, que l'ayant plongé dans le Rhin et ayant abandonné un flocon de laine dans le courant, l'épée coupa le flocon tout comme l'eau. D'un coup de cette épée Sigurd fendit du haut en bas l'enclume de Regin. — Après cela Regin poussa Sigurd à tuer Fafnir. Mais Sigurd parla :

Les fils d'Hunding riraient bien fort, eux qui ont tué Eylimi, si moi, un roi, je pensais plutôt à conquérir des anneaux d'or rouge qu'à venger mon père.

Le roi Hialprek donna à Sigurd des hommes et des vaisseaux afin qu'il pût venger son père. Ils furent assaillis par une grande tempête et passèrent au pied d'un cap élevé. Un homme se tenait au haut du rocher et parla :

Qui chevauche ainsi sur les étalons de Ræwil (1), sur les lames furieuses à travers la mer soulevée? Les chevaux ailés blanchissent d'écume, les coursiers des vagues ne résisteront pas à la tempête.

REGIN.

Nous sommes ici avec Sigurd sur les arbres de l'océan. Les vents qui nous poussent nous entraînent à la mort. La vague déferle au dessus des mâts. Les coursiers de la mer vont périr. Qui nous interroge?

L'HOMME.

On me nomme Hnikar (2), ô jeune Wolsung, quand je réjouis Hugin sur le champ de bataille. Tu peux m'appeler l'Homme de la montagne, Feng ou Fiœlnir. Je veux diriger ta course.

Ils s'approchèrent du rivage. L'homme monta à bord du navire et calma la tempête.

(1) Ræwil est un dieu de la mer et ses étalons sont les navires.
(2) Hnikar, Feng et Fiœlnir sont des surnoms d'Odin. Hugin est le nom d'un de ses corbeaux.

SIGURD.

Dis-moi, Hnikar, toi qui connais les présages qui annoncent le bonheur aux hommes et aux dieux, quand on s'avance au combat, quel est le signe le plus favorable pour soutenir le choc des épées.

HNIKAR.

Plus d'un présage est bon pour soutenir le choc des épées, si les combattants connaissaient ces présages. Ce qui me paraît surtout de bon augure, c'est quand le corbeau noir comme la nuit suit le guerrier qui combat.

Un second présage favorable quand tu sors et que tu vas te mettre en voyage, c'est de voir alors deux guerriers valeureux levés sur la pointe des pieds et prêts à la lutte.

C'est aussi un bon présage, quand tu entends hurler le loup près du frêne. Et si tu le vois marcher en avant, tu peux espérer remporter la victoire sur tes ennemis portant des heaumes.

Que personne ne commence le combat en face de la lumière que projette vers le soir la sœur de la lune. Ceux-là remporteront la victoire qui voient commencer le terrible jeu des épées ou qui sauront ordonner les bataillons en forme de coin.

Si ton pied butte au moment de marcher au combat, un grand danger te menace. Les Trugdisen seront à tes côtés et voudront te voir blessé (1).

Que le guerrier se peigne et se lave, et prenne son repas dès le matin ; nul ne sait où il arrivera le soir et il est dur de tomber avant le temps.

Sigurd livra un grand combat à Lyngwi, fils de Hunding, et à ses frères. Lyngwi et ses frères succombèrent. Après le combat, Regin dit :

L'épée bien affilée a coupé les côtes du meurtrier de Sigmund et les a rejetées vers les omoplates. Nul chef plus puissant n'a rougi la terre de son sang, et réjoui les corbeaux.

Sigurd retourna auprès de Hialprek. Regin engagea Sigurd à tuer Fafnir.

(1) Les Trugdisen étaient, ainsi que les Walkyries, des êtres divins qui apparaissent tantôt comme de bons tantôt comme de mauvais esprits.

LE CHANT DE FAFNIR

.

Sigurd et Regin montèrent vers la Gnita-Heide et y trouvèrent le sentier par lequel Fafnir rampait vers l'eau. Dans ce sentier Sigurd creusa une fosse profonde et s'y cacha. Quand Fafnir quitta l'or sur lequel il était couché, de sa bouche il lança du poison qui tomba sur la tête de Sigurd. Mais quand Fafnir passa au dessus de la fosse, Sigurd lui plongea son épée dans le cœur. Fafnir se débattait et frappait de la tête et de la queue. Sigurd s'élança hors de la fosse et ils se virent l'un l'autre. Fafnir dit :

Compagnon, compagnon, quel compagnon t'a donné le jour? De quel homme es-tu le fils, toi qui as osé teindre ton arme brillante dans le sang de Fafnir? Ton épée a transpercé mon cœur.
Mais Sigurd ne voulut point dire son nom, parce qu'on croyait jadis que la parole d'un mou-

rant était très puissante, quand celui-ci maudissait son ennemi par son nom. Il répondit :

Je m'appelle un prodige, et je marche ci et là sans avoir connu de mère. Je n'ai point non plus de père comme les autres hommes. Je m'avance solitaire.

FAFNIR.

Sais-tu, si tu n'as pas de père comme les autres hommes, quel prodige t'a fait naître?

SIGURD.

Ma race ne t'est pas connue, et moi pas davantage. Je me nomme Sigurd, et mon père Sigmund. Je t'ai vaincu à armes égales.

FAFNIR.

Qui t'a poussé et comment t'es-tu laissé pousser à me tuer, ô jeune homme, à l'œil lumineux? Ton père était un rude guerrier : à son fils, né après sa mort, il a transmis son âme.

SIGURD.

Mon cœur me poussait en avant, mes mains et ma bonne épée ont fait le coup. Jamais les années ne donneront du courage à celui qui fut lâche dans son enfance.

FAFNIR.

Je le sais, si tu avais pu grandir sous la protection des tiens, tu aurais été intrépide dans les combats. Mais maintenant tu n'es pas libre, tu es prisonnier de guerre. Toujours, dit-on, les captifs tremblent.

SIGURD.

Comment peux-tu me reprocher, Fafnir, que je sois loin de la patrie de mes aïeux? Jamais je n'ai été ici ni captif ni prisonnier de guerre. Tu as bien senti que j'étais libre.

FAFNIR.

Dans tout ce que je dis tu trouves des reproches. Mais je te prédis une chose : cet or au son retentissant, ce métal aux reflets rouges, ces anneaux te tueront.

SIGURD.

Chacun jusqu'à son dernier jour désire posséder des richesses. Mais tout homme doit enfin quitter la terre pour descendre vers Hel.

FAFNIR.

Tu dédaignes les paroles des Nornes et ma prédiction, comme si elle manquait de sens. Si tu navigues dans la tempête, tu périras dans les flots. Tout est mortel pour ceux qui doivent mourir.

Le casque d'OEgir (1) m'a protégé longtemps, tandis que j'étais couché sur le trésor. Je me croyais plus fort que les autres hommes et je n'ai trouvé personne qui me résistât.

SIGURD.

Le casque d'OEgir ne peut toujours protéger celui qui combat des hommes intrépides. Celui qui se bat avec plusieurs éprouvera bientôt que nul n'est toujours le plus fort.

FAFNIR.

Je souffle du poison devant moi, depuis que je suis couché sur le riche trésor de mon père.

SIGURD.

Tu étais effroyable, dragon aux écailles brillantes, et tu avais un cœur impitoyable. Comme s'élèverait l'orgueil des fils des hommes s'ils avaient un casque semblable !

Dis-moi, Fafnir, toi qui vois l'avenir et sais tant de choses, quelles sont les Nornes qui secou-

(1) OEgir était un dieu marin.

rent dans la détresse et qui délivrent les femmes en couche ?

FAFNIR.

Les Nornes me semblent de différentes espèces et d'origine diverse. Les unes sont de la race des Asen, les autres de celle des Elfes, les troisièmes sont les filles de Dwalin (1).

SIGURD.

Dis-moi, Fafnir, toi qui vois l'avenir et qui sais tant de choses, comment se nomme le lieu du combat où Surtur et les Asen mêleront leur sang (2) ?

FAFNIR.

Il s'appelle Ostkopnir, et là tous les dieux se combattront le fer à la main. Bifrœst (3) se rompt quand ils passent et les coursiers nagent dans la Muota.

Maintenant, je te le conseille, Sigurd, crois-en mon avis, chevauche loin d'ici. Cet or, au son

---

(1) Dwalin était le père d'une race de nains.
(2) Il s'agit du dernier combat que les Asen livreront à Surtur, le géant du feu, à la fin du monde.
(3) C'est le nom de l'arc-en-ciel, le pont qui conduit vers le Asgard, séjour des dieux. La Muota est le fleuve qui environne Asgard.

retentissant, ce métal aux reflets rouges, ces anneaux, te tueront.

SIGURD.

Un conseil m'est donné; mais moi je chevauche sur la bruyère vers ce trésor. Toi, Fafnir, tu exhales ton dernier souffle, tu vas descendre vers Hel.

FAFNIR.

Regin m'a trahi et te trahira aussi; il sera la cause de notre mort à nous deux. Fafnir doit quitter la vie, ta force m'a vaincu.

Regin s'était éloigné, tandis que Sigurd tuait Fafnir. Il revint au moment où Sigurd essuyait le sang de son épée. Regin dit :

Salut à toi, Sigurd, tu as remporté la victoire et tué Fafnir. De tous les hommes qui existent sur la terre, tu es le plus vaillant.

FAFNIR.

Si tous les enfants des Sigdives, des divinités de la victoire, devaient se rencontrer, on ne pourrait encore décider quel est le plus brave. Plus d'un est courageux qui jamais ne plongea le fer dans la poitrine de l'ennemi.

REGIN.

Tu es fier, Sigurd, et heureux de ta victoire, et tu essuies ton épée Gram dans l'herbe. Tu viens de tuer mon frère, mais j'en suis moi-même en partie la cause.

SIGURD.

Tu m'as conseillé de chevaucher par delà la montagne sacrée. Si tu ne m'avais poussé à l'action, le dragon aux écailles brillantes jouirait encore de la vie et de son trésor.

Regin s'avança alors vers Fafnir et avec son épée qui s'appelait Ridil, lui enleva le cœur et but le sang qui coulait hors de la blessure.

REGIN.

Assieds-toi, Sigurd, et tandis que je vais dormir, fais-moi cuire au feu le cœur de Fafnir. Je veux manger ce cœur après avoir bu le sang de la blessure.

SIGURD.

Tu t'es écarté au loin, tandis que je teignais ma forte épée dans le sang de Fafnir; tu te reposais sur la bruyère pendant que mon bras puissant luttait contre ce formidable dragon.

REGIN.

Bien longtemps encore ce vieux Jote (1) serait resté couché sur la bruyère, si tu n'avais pas eu recours à cette épée bien affilée que j'ai forgée pour toi.

SIGURD.

Le courage au cœur vaut mieux que le fer quand les braves se rencontrent. L'homme intrépide parvient à remporter la victoire même avec une arme émoussée.

L'homme intrépide peut mieux que le lâche se risquer au jeu de la guerre. Celui qui marche joyeux au combat se servira mieux de son arme que celui qui manque d'ardeur.

Sigurd prit le cœur de Fafnir et le fit rôtir à la broche. Quand il crut qu'il était à point et qu'il vit le jus découler du cœur, il y appliqua le doigt pour voir s'il était, en effet, assez cuit. Mais il se brûla et se mit le doigt dans la bouche. Aussitôt que le sang de Fafnir eut touché sa langue, il comprit le langage des oiseaux. Il entendit ce que les aigles se disaient sur les branches.

PREMIER AIGLE.

Voilà Sigurd assis teint de sang, il fait rôtir le

---

(1) Les Joten étaient les géants, représentants des ténèbres et du mauvais principe.

cœur de Fafnir. Il me paraîtrait sage ce guerrier, s'il mangeait cet organe de la vie.

DEUXIÈME AIGLE.

Voilà Regin couché songeant comment il trompera l'homme qui se confie en lui. Dans sa méchanceté, il invente de fausses accusations. Cet artisan de malheurs pense à venger son frère.

TROISIÈME AIGLE.

Après lui avoir coupé la tête, il enverra vers Hel ce bavard aux longs cheveux ; ainsi il possédera tout le trésor sur lequel Fafnir était couché.

QUATRIÈME AIGLE.

Il me paraîtrait sage, ô mes sœurs, s'il songeait à profiter des bons avis que vous lui donnez. Qu'il se décide et réjouisse les corbeaux, car, quand on voit ses oreilles, le loup n'est pas loin (1).

CINQUIÈME AIGLE.

Ce héros qui conduit les combattants n'est pas aussi prudent que je l'eusse cru, si, après avoir tué l'un des frères, il laisse la vie à l'autre.

(1) Ancien proverbe.

SIXIÈME AIGLE.

Il me paraît très imprudent s'il épargne plus longtemps ce dangereux ennemi. Regin qui le trahit est couché là-bas et Sigurd ne sait pas comment il doit se défendre contre lui.

SEPTIÈME AIGLE.

Qu'il coupe la tête à ce Jote au cœur froid, et qu'il lui enlève ses richesses. Alors tout le trésor que possédait Fafnir sera à lui seul.

SIGURD.

Le sort n'a pas décidé que Regin parviendrait à me tuer. Bientôt les deux frères descendront vers Hel.

Sigurd coupa la tête de Regin, mangea le cœur de Fafnir et but le sang de Regin et de Fafnir. Alors Sigurd entendit ce que chantaient les aigles :

Réunis ces anneaux aux rouges reflets, il ne convient pas à un roi de s'inquiéter de l'avenir. Je connais une femme admirablement belle, toute brillante d'or : ah ! si elle pouvait être à toi.

De verts sentiers conduisent vers Giuki. Le destin montre le chemin au voyageur. Le bon roi a une fille ; par le don des fiançailles, Sigurd, tu peux l'acheter.

Sur le haut sommet de Hindarfiall s'élève un burg tout entouré de feu. Des chefs puissants l'ont bâti avec de l'or brillant, flamme des eaux.

Sur le rocher dort la vierge des combats et le feu dompté la lèche doucement. Yggar (1) lui piqua une épine dans son voile, dans le voile de la jeune fille qui voulait tuer des hommes.

Tu peux, ô homme, contempler sous son heaume la vierge que le cheval Wingskornir emporta hors de la mêlée. Nul guerrier ne peut interrompre le sommeil de Sigurdrifa avant que les Nornes y consentent.

Sigurd suivit la trace de Fafnir vers sa demeure. Elle était ouverte, mais la porte et les linteaux étaient en fer. Toute la charpente était aussi de fer et l'or était caché sous terre. Sigurd trouva là un énorme trésor et il en remplit deux coffres. Il prit le casque d'OEgir, la cotte de maille d'or, et l'épée Hroth et beaucoup de choses précieuses, et il en chargea Grani. Mais le cheval ne voulut point avancer avant que Sigurd se fût remis en selle.

(1) Yggar est un des noms d'Odin.

LE CHANT DE SIGURDRIFA

Sigurd chevaucha vers Hindarfiall; il s'avança dans la direction du sud, du côté du pays des Francs. Sur la montagne il vit une vive lumière comme celle d'un feu qui brûle, et ses lueurs illuminaient le ciel. Quand il approcha, il vit un château fort et sur ce château une bannière. Sigurd entra dans le burg et y aperçut un guerrier qui dormait armé de pied en cap. Il lui enleva d'abord le heaume de dessus la tête et alors il vit que c'était une femme. La cotte de mailles tenait si fort qu'on aurait dit qu'elle était entrée dans la chair. Avec son épée Gram il coupa la cotte de mailles du haut en bas et il la coupa aussi aux deux bras. Puis il l'en dépouilla, mais elle se réveilla, se souleva, vit Sigurd et dit :

Qui coupe ma cotte de mailles? Qui interrompt mon sommeil? Qui me délivre de ses sombres liens ?

SIGURD.

C'est le fils de Sigmund. L'épée de Sigurd a coupé la cotte de mailles.

SIGURDRIFA.

J'ai dormi longtemps; longtemps le sommeil m'a tenue captive. Longtemps durent les souffrances des humains. Odin a ordonné que je ne pusse point secouer les runes du sommeil.

Sigurd s'assit et demanda son nom. Elle prit une corne pleine d'hydromel et lui donna la boisson de la bienvenue :

Salut, ô jour ! salut, ô fils du jour ! salut, ô nuit et toi, terre nourricière, salut. Jetez sur nous des regards bienveillants et accordez-nous la victoire.
Salut à vous, Ases, salut à vous, Asinies, salut à toi, campagne féconde. Accordez-nous à nous deux, qui avons un noble cœur, la parole et la sagesse et des mains toujours pleines de guérisons.

Elle s'appelait Sigurdrifa et elle était Walkyrie. Elle raconta comment deux rois se faisaient la guerre : l'un avait nom Hialmgunnar ; il était vieux, c'était le plus vaillant des guerriers et Odin lui avait promis la victoire.
L'autre s'appelait Agnar, frère d'Auda, et personne

ne voulait le protéger. Sigurdrifa tua Hialmgunnar dans le combat ; mais pour la punir, Odin la piqua de l'épine du sommeil et décida qu'à partir de ce moment elle ne remporterait plus de victoire dans les combats et qu'elle se marierait. « Mais je lui dis que je faisais le serment de n'épouser aucun homme qui connaîtrait la crainte. » — Sigurd lui répondit et la pria de lui communiquer la sagesse, elle qui connaissait tous les mystères de l'univers. Sigurdrifa parla :

Je t'apporte, ô chêne des combats, de la bière mêlée de force et de gloire, pleine de chants et de paroles bienfaisantes, pleine des charmes qui donnent le bonheur et des runes qui procurent la joie.

Si tu veux triompher, tu graveras des runes de victoire, tu en graveras sur la poignée, sur le dos et sur le plat de l'épée, et tu invoqueras deux fois le nom de Tyr (1).

Connais les runes de l'oel (2), afin que la femme d'autrui ne trompe point la confiance, que tu mettras en elle. Graves ces runes sur la corne à boire et sur le dos de la main et marque ton ongle d'un N.

(1) Tyr est le dieu de la guerre. Les runes dont il s'agit ici sont des lettres et des signes magiques.

(2) L'oel, ale en anglais, est la boisson de bienvenue que présentaient les femmes.

Bénis la coupe pleine, garde-toi du danger et mets de l'ail dans ta boisson ; de cette manière, j'en réponds, jamais dans ton hydromel ne se mêlera la trahison.

Apprends à connaître les runes secourables, si tu veux secourir autrui et aider les femmes à se délivrer de leur fruit. Inscris-les dans le creux de la main et autour du poignet et invoque la protection des Disirs (1).

Apprends à connaître les runes de la tempête, si tu veux sauver les vaisseaux dans les détroits. Grave-les sur l'étambot et brûle-les dans le gouvernail : quelque hauts que soient les brisants, quelque noires que soient les lames, tu reviendras sain et sauf de dessus la mer.

Apprends à connaître les runes des branches, si tu veux être médecin et si tu veux guérir les blessures. Grave-les sur l'écorce des arbres du côté où ces branches sont tournées vers l'orient.

Apprends à connaître les runes du jugement, si tu veux être à l'abri de la vengeance de celui qui est lésé. Réunis-les, entremêle-les et place-les, toutes ensemble, au lieu du Thing, là où tous s'assemblent pour prononcer le jugement suprême.

(1) Les Disirs étaient des divinités tour à tour favorables et hostiles aux hommes.

Apprends à connaître les runes de l'intelligence, si tu veux paraître avoir plus d'esprit que les autres. Celui qui les trouva, les exprima et les grava le premier fut Sigfadir (1) ; il les puisa dans la rivière qui coulait du crâne de Heiddraupnir (2) et de la corne de Hoddraupnir.

Il se tenait sur le haut de la montagne, son épée étincelante à la main et le casque en tête. Pleine de sagesse, la tête de Mimir prononça sa première parole et indiqua les véritables runes.

Il parla, et elles se gravèrent sur le bouclier du dieu de la lumière, sur l'oreille d'Arwakur et sur le sabot d'Alfwidur (3), sur la roue qui roule sous le char de Rœgnir (4), sur les dents de Sleipnir (5) et sur les courroies du traîneau ;

Sur les griffes de l'ours, sur la langue de Bragi (6), sur les ongles du loup (7), sur les serres de l'aigle, sur les ailes sanglantes et sur

---

(1) Odin.
(2) Heiddraupnir et Hoddraupnir sont des surnoms de Mimir. C'est dans la fontaine de Mimir qu'Odin puise la sagesse.
(3) Arwakur et Alfwidur sont les chevaux du soleil.
(4) Rœgnir est Odin. Cette roue est encore le soleil.
(5) Sleipnir est le cheval d'Odin.
(6) Bragi est le dieu de l'éloquence et de la poésie.
(7) Ce loup est le loup Fenrir, qui doit vaincre Odin dans le combat suprême à la fin du monde.

l'extrémité du pont (1), sur la main de qui soulage et sur la trace de qui guérit;

Sur l'or et sur le verre, sur les amulettes de bonheur, dans le vin et les épices, sur le siége de Wala, sur la pointe de Gungnir et la poitrine de Grani, sur l'ongle de la Norne et sur le bec du Hibou.

Toutes celles qui étaient ainsi découpées furent enlevées, arrosées d'hydromel sacré et envoyées au loin. Les unes sont en la puissance des Ases, les autres en celle de Elfes; les Wanes en possèdent quelques-unes et les enfants des hommes, d'autres.

Voilà les runes du savoir et les runes secourables, les runes de l'œl et les runes si renommées de la puissance, pour celui qui sans se tromper sait les employer avec pureté à son avantage. Apprends à les connaître et laisse-les agir jusqu'à ce que les dieux meurent.

Maintenant c'est à toi de choisir, car tu dois faire un choix, vaillant héros, semblable au chêne des forêts. Songes-y bien, il faut parler ou te taire. Tous les actes ont leurs suites nécessaires.

SIGURD.

Quand je verrais la mort devant moi, je ne

---

(1) Ce pont est Bifrœst, l'arc-en-ciel.

reculerais pas. Je ne suis point né lâche; je suivrai tes bons conseils tant que je vivrai.

SIGURDRIFA.

Je te conseille d'abord d'être sans reproche envers tes amis, même s'ils t'offensent. Sois lent à te venger; cela, dit-on, plaît aux morts.

Je te conseille ensuite de ne jamais prêter un serment sans y être fidèle. Des souvenirs amers enveloppent celui qui manque à sa parole; il est malheureux l'homme qui trahit son serment.

Je te conseille troisièmement, à l'assemblée du Thing, d'éviter les gens qui ne connaissent point le monde. Un imbécile dit souvent des choses pires qu'il ne le croit lui-même.

Avec eux tout offre des inconvénients. Si tu te tais, on dira ou que tu recules par lâcheté, ou que es justement accusé.

Le témoignage d'un serviteur est fâcheux quand il en donne un mauvais. Dès le lendemain enlève-lui la vie et punis ainsi ses mensonges.

Je te conseille quatrièmement si tu rencontres le long du grand chemin une sorcière pleine de méchanceté, de passer plutôt que de t'arrêter près d'elle, quand même tu serais surpris par la nuit.

Les enfants des hommes ont besoin d'un clair regard quand il leur faut combattre bravement.

Souvent, au bord du grand chemin, de méchantes sorcières sont assises qui ensorcellent et votre esprit et votre épée.

Je te conseille cinquièmement, si tu vois de belles jeunes filles assises sur les bancs, de ne pas te laisser enlever le sommeil par l'argent de leurs parents et de ne pas les attirer dans tes bras.

Je te conseille sixièmement, si tu entends des guerriers se livrer à des paroles avinées, de ne pas te quereller avec eux dans l'ivresse : le vin prive plus d'un de sa sagesse.

Les querelles et l'ivresse ont causé le malheur de bien des héros, l'infortune des uns, la mort des autres : les souffrances des hommes sont très nombreuses.

Je te conseille septièmement, si tu as affaire à des hommes courageux, de les combattre plutôt que de périr dans les flammes qu'ils pourraient allumer.

Je te conseille huitièmement d'éviter l'injustice et les tromperies, de ne point séduire de jeune fille. et de ne point entraîner au mal la femme d'autrui.

Je te conseille neuvièmement, de ne point négliger les morts que tu rencontres dans les campagnes, qu'ils aient succombé à la maladie, dans la tempête ou dans les combats.

Élève un monticule en l'honneur de celui qui a quitté la terre. Lave-lui les mains et la tête. Sèche-le et peigne ses cheveux avant que la bière le reçoive, et prie qu'il dorme heureux.

Je te conseille dixièmement d'avoir soin de ne te point fier à la parole des parents de ton ennemi, ni de celui dont tu as frappé le frère ou tué le père. Un loup vit au cœur de son jeune fils, quoiqu'on l'ait satisfait avec de l'or.

Ne crois point que l'esprit de haine et de colère s'endorme ou qu'on oublie jamais l'injure reçue. Que celui qui veut être le premier de tous, sache choisir ou l'habileté ou la force.

Je te conseille onzièmement de surveiller le méchant et de regarder quel chemin il veut prendre. Je ne crois pas que ta vie, ô roi, se prolonge longtemps : une noire trahison se prépare.

Sigurd dit : Il n'y a point de femme qui en sache autant que toi, et je le jure, je veux que tu sois à moi, car tu es comme je le désire. Elle répondit : C'est toi que je préfère et nul autre, quand j'aurais à choisir parmi tous les hommes. Et leurs serments confirmèrent ces paroles.

TROISIÈME CHANT DE SIGURD

VAINQUEUR DE FAFNIR

Et il advint que Sigurd alla visiter Giuki. Le descendant de Wolsung revenait du combat; il fit alliance avec les deux frères, et ces hommes intrépides se jurèrent amitié.

Et on lui donna une vierge, la jeune Gudrun, la fille de Giuki et une quantité d'or. Pendant plus d'un jour le jeune Sigurd et les fils de Giuki burent ensemble en toute confiance,

Jusqu'à ce qu'ils partirent pour conquérir Brynhild (1). Ils prièrent Sigurd de les accompagner parce que le jeune descendant de Wolsung

---

(1) Brynhild n'est autre que Sigurdrifa; mais ce dernier nom est celui qu'elle portait comme Walkyrie.

connaissait les chemins. Elle aurait été à lui, si le destin l'avait permis.

Sigurd l'homme du Sud (1) place son épée, cette arme brillante, sur le lit entre eux deux. Le chef des Hiunen (2) ne baise point la reine, et ne la prend point dans ses bras. Il donne la jeune fille à l'héritier de Giuki.

La belle vierge était sans reproche et son corps sans souillure. On ne pouvait trouver en elle rien à reprendre, mais des Nornes ennemies intervinrent.

Le soir tombe, et seule elle est assise dehors, et elle se prend à parler tout haut : « Je veux mourir ou presser dans mes bras Sigurd, le beau jeune homme. Mais non, je me repens de cette parole imprudente ; Gudrun est sa femme, et je suis celle de Gunnar. Des Nornes hostiles nous causent de longs tourments. »

Souvent vers le soir, l'âme déchirée, elle erre sur la neige et les champs de glace, tandis que Sigurd va reposer à côté de Gudrun, et que

(1) Le chant islandais trahit l'origine allemande de la tradition en appelant Sigurd *inn Sudhraeni*, l'homme du Sud. Il l'était en effet par rapport aux pays scandinaves.

(2) Ces Hiunen, *Hûnar*, signifient, d'après les commentateurs, la tribu germaine dont Sigurd était le chef. Mais ce nom ne rappelle-t-il pas plutôt les véritables Huns dont le nom est employé dans le Nord tout simplement pour signifier une nation puissante en Allemagne ?

le noble chef reçoit dans sa couche sa femme charmante.

Pleine de colère, elle excite les princes au meurtre : « Désormais, Gunnar, tu dois renoncer à moi et à mes terres. Près de toi, ô roi, j'ai cessé d'être heureuse.

« Je veux retourner dans ma patrie, vers mes amis et mes parents, et là je veux finir ma vie dans la solitude, si tu ne tues point Sigurd, et si tu ne commandes pas à cent autres chefs en t'en faisant craindre.

« Que le fils disparaisse avec le père; il serait peu sage d'épargner le rejeton du loup. Tant que vit le fils, quel est l'homme qui peut croire que par le rachat du meurtre, il ait satisfait la vengeance? »

Gunnar devint sombre et son âme s'emplit de tristesse. Il demeura tout le jour silencieux sans savoir à quoi se résoudre. Il ne parvenait pas à voir ce qu'il lui convenait de faire et ce qui valait le mieux pour lui. Il songeait à la mort du descendant de Wolsung, et il ne pouvait se consoler de la perte de Sigurd.

Indécis, il s'arrêta aussi longtemps à l'une qu'à l'autre résolution. Il était bien rarement arrivé qu'une femme renonçât à la dignité de reine. Il fit appeler Högni pour consulter avec lui; car il avait pleine confiance en lui.

GUNNAR.

« Brynhild, la fille de Budli m'est plus chère que tout au monde, elle, la plus noble des femmes. Je préfère quitter la vie plutôt que de renoncer à sa beauté et à ses trésors.

« Nous aideras-tu, Högni, à tuer le héros? Il est bon de posséder l'or du Rhin, de disposer de ce riche trésor suivant son plaisir et de jouir en paix du bonheur. »

Mais Högni lui répondit : « Nous ne pouvons commettre ce crime de violer avec le fer nos serments, nos serments solennels et la foi jurée.

« Personne sur la terre n'est aussi heureux que nous quatre, qui gouvernons ici les peuples, tandis que le chef des Hiunen vit avec nous, et nul n'a une parenté aussi dévouée. Si, nous cinq, nous élevons des fils, nous pourrons vaincre les descendants des dieux.

« Je vois bien d'où vient la route que tu suis. Brynhild te tourmente; tu ne peux la satisfaire.

« Poussons Guthorm notre jeune frère à accomplir le meurtre; son esprit est encore faible. Il n'a point eu de part à nos serments, à nos serments solennels ni à la foi jurée. »

Il était facile d'entraîner le jeune imprudent. Le fer est fixé dans le cœur de Sigurd.

Le héros se soulève sur sa couche pour se venger ; il lance son épée vers le meurtrier au cœur de loup. L'arme terrible vole des mains puissantes du roi vers Guthorm.

Le coup a fendu en deux l'ennemi qui s'affaisse. La tête et les mains sont jetés d'un côté, de l'autre, les jambes tombent sur le sol.

Sans souci, Gudrun reposait sur la couche à côté de Sigurd. Son réveil est sans joie ; elle est baignée dans le sang de l'ami de Freyr.

Elle se frappe les mains l'une contre l'autre si violemment que le héros se lève sur son lit : « Ne t'irrite point, Gudrun, si terriblement. Tes frères vivent encore, ô ma jeune épouse.

« J'ai un fils trop jeune encore pour fuir seul loin de la demeure de ses ennemis. Les princes ont tramé nuitamment, à la lune nouvelle, de noirs, d'odieux complots.

« Quand tu aurais sept fils, jamais ils n'auront un neveu qui chevauche aussi bravement vers le champ de bataille. Je sais bien qui a préparé le crime : c'est Brynhild seule qui a tout fait.

« La vierge me préférait à tout autre homme. Mais je n'ai point trahi Gunnar. J'ai respecté mon serment envers mon allié, et pourtant on m'appelait l'amant de sa femme. »

Gudrun soupira ; le roi mourut. Elle se frappa

les mains l'une contre l'autre, si violemment que les verres résonnèrent sur les planches où ils étaient posés et que les oies crièrent aigrement dans la basse-cour.

Et Brynhild, la fille de Budli, se mit à rire cette fois encore de toute son âme, quand les cris perçants de la fille de Giuki pénétrèrent jusque dans sa chambre.

Gunnar, le maître des faucons, parla : « O femme avide de sang, ne ris pas ainsi joyeusement dans notre salle comme si le meurtre te causait de la joie. Comme tes belles couleurs s'en vont, toi qui as causé la mort, on dirait que tu vas mourir.

« Tu mériterais que sous tes yeux, nous tuions Atli, afin que tu puisses voir les sanglantes blessures de tes frères, sanglantes blessures que tu pourrais alors panser. »

Brynhild, la fille de Budli, parla : « Qui t'accuse Gunnar? Tu t'es bien vengé. Tes menaces n'inquiètent guère Atli : il vivra plus longtemps que toi, et sa puissance sera plus grande.

« Laisse-moi te le dire, Gunnar, et tu ne l'ignores pas, combien vite tu étais prêt à commettre l'action (1). Jeune encore, j'étais assise sans soucis

---

(1) Ce mot peut se rapporter au meurtre de Sigurd, mais il rappelle plutôt l'artifice employé pour obtenir Brynhild.

dans la demeure de mon frère, avec mon riche trésor.

« Je n'avais nul besoin qu'un homme m'offrît la *morgengabe*, quand vous apparûtes dans notre *Gard* sur vos coursiers, vous trois, chefs des guerriers. En vérité, je n'eus pas à me réjouir de votre arrivée.

« Je m'étais fiancée au chef qui était assis sur le dos de Grani avec son or. Il n'avait pas tes yeux, il n'avait rien de ton visage, quoique tu pusses aussi avoir l'apparence d'un roi.

« Atli me dit, à moi, jeune fille, qu'à moins que je ne prisse un époux, il ne me donnerait la moitié ni du patrimoine, ni de l'or, ni de la puissance, et que je n'aurais rien des trésors conquis par Budli, ni de l'or que mon père m'avait déjà donné à moi, son enfant.

« Ma volonté demeura indécise entre les deux partis que je pouvais prendre. Devais-je me lancer dans les combats et tuer les guerriers, revêtue de mon bouclier éclatant (1), à cause de l'injustice de mon frère? On l'eût appris avec terreur, et le courage de maint guerrier en eût été abattu.

« Atli et moi, nous nous entendîmes. L'or rouge et les anneaux brillants qu'apportait Sigurd m'at-

---

(1) En sa qualité de Walkyrie.

tiraient. Je ne désirais pas les trésors d'un autre chef. J'en aimais un seul et nul autre; mon cœur de jeune fille n'était pas changeant.

« Atli se souviendra de tout cela, quand il apprendra la mort de sa sœur. Car jamais une femme qui a de nobles sentiments ne voudra vivre longtemps avec un autre que son époux. Mes tourments seront bientôt vengés. »

Gunnar se leva, le chef des armées, et il jeta les bras autour du cou de sa femme et tous accoururent pour arrêter celle-ci dans son funeste projet.

Mais elle repoussa tout le monde loin d'elle, et ne se laissa pas détourner du long voyage.

Gunnar appela Högni pour le consulter : « Que tes hommes et les miens se réunissent dans cette salle, le danger nous presse, pour essayer d'empêcher la reine de se donner la mort, jusqu'à ce qu'elle abandonne sa résolution. Après, il en adviendra ce qui pourra. »

Mais Högni, répondit : « Personne ne la détournera du long voyage, et jamais elle ne renaîtra (1). Quand elle est née, déjà sur les genoux de sa mère, elle était vouée à la souffrance ; elle est venue au monde pour le mal et pour le malheur de plus d'un guerrier. »

(1) Ceux qui se tuaient eux-mêmes n'étaient pas appelés à renaître.

Plein de soucis, le héros interrompit l'entretien pour se rendre auprès de la reine qui, parée de ses joyaux, distribuait ses richesses. Toutes ses suivantes, les femmes et les jeunes filles étaient rangées autour de ces trésors.

Elle se revêtit de sa cotte de mailles d'or (1), son âme était sombre, et elle se perça d'une épée acérée. Elle s'affaissa de côté sur des coussins. Le fer encore dans la blessure, elle songea à ce qu'il lui fallait faire :

« Qu'elles viennent vers moi, celles qui veulent recevoir de l'or ou d'autres objets précieux. Je donne à qui veut un collier d'or rouge, des joyaux, des vêtements et un riche manteau (2). »

Toutes se turent et se prirent à réfléchir jusqu'à ce que enfin toutes répondirent à la fois : « Il y a déjà assez de cadavres ! Nous voulons vivre encore et demeurer au service, ainsi qu'il nous convient. »

La jeune femme vêtue de ses vêtements éclatants, sortit de ses réflexions profondes et dit : « Nulle ne doit, pour me complaire, mourir malgré elle.

---

(1) Brynhild veut mourir en Walkyrie afin d'être reçue dans la Walhalla.

(2) Elle désire les engager à se tuer avec elle, pour arriver dans la Walhalla avec une suite imposante.

« Mais, si jamais les richesses et les joyaux vous poussent à venir me visiter, votre corps resplendira moins de l'éclat de l'or, de la poudre de Menja.

« Assieds-toi, Gunnar, je veux te parler, moi, ta femme resplendissante qui suis fatiguée de vivre. Ton navire ne demeurera pas arrêté dans le détroit, quoique je perde la vie.

« Plus tôt que tu ne peux le croire, Gudrun s'apaisera. L'adroite reine, aux côtés du roi, nourrit de sombres pensées en songeant à son époux mort.

« Une vierge naîtra, et sa mère l'élèvera. Swanhilde sera plus belle que le jour brillant, plus belle que le rayon du soleil.

« Tu accorderas Gudrun à un héros qui fera périr plus d'un guerrier à coups de flèche. Elle ne se mariera pas au gré de ses désirs. Atli, mon frère, fils de Budli l'épousera.

« Je réfléchis maintenant à tout ce que vous m'avez fait, quand vous m'avez trompée par vos ruses. Depuis lors, j'ai vécu sans joie et sans bonheur.

« Tu voudras posséder Oddrun, et Atli se refusera à te l'accorder pour épouse. Mais vous vous rencontrerez en secret, et elle t'aimera comme je t'aurais aimé, si les Nornes hostiles ne s'y étaient opposées.

« Atli t'infligera une dure peine ; il te jettera dans les fosses aux serpents.

« Mais bientôt après le destin ennemi atteint aussi Atli. Son bonheur est détruit : il perd la vie. Gudrun, la femme désespérée, pleine de fureur le tue avec l'épée dans son lit.

« Il vaudrait mieux que notre sœur montât aujourd'hui sur le bûcher de son époux et maître, si les esprits sages lui donnaient un bon avis ou si elle avait un cœur comme le nôtre.

« Déjà, je parle avec peine. Mais notre inimitié ne fera pas succomber Gudrun. Portée par les vagues soulevées, elle abordera aux rivages escarpés de Jonakur.

« Ils ne s'entendent point, les fils de Jonakur. Elle envoie hors du pays Swanhilde, la fille qu'elle avait eue de Sigurd. Les conseils de Bikki amènent sa mort, car le malheur poursuit la race de Jörmunrek. Ainsi finit tout entière la race de Sigurd et le désespoir de Gudrun en devient plus grand (1).

(1) Les prédictions de Brynhild se rapportent ici à des événements qui n'ont point trouvé place dans la tradition d'où est sortie le *Nibelunge-nôt*. Mais ces événements formaient un cycle poétique, dont Ermanrik était le centre. Ce cycle était aussi répandu que celui de Sigurd, comme nous le voyons dans Jornandès, *de Rebus Geticis*, cap. XXIII.

« Je t'adresse encore une prière, c'est la dernière que je te fais en ce monde. Élève dans la campagne un bûcher assez grand pour nous recevoir nous tous qui mourrons avec Sigurd.

« Entoure ce bûcher de boucliers et de draperies, de riches linceuls funéraires et de la foule des morts, et qu'on brûle à mes côtés le chef des Hiunen.

« Qu'on brûle à mes côtés, d'une part, le chef des Hiunen, de l'autre, mes serviteurs ornés de leurs riches joyaux, deux à la tête, deux aux pieds, deux chiens en plus et deux faucons : ainsi tout sera également réparti (1).

« Mais qu'on place entre nous deux la brillante épée, le fer acéré, comme lorsque nous partageâmes la même couche, et qu'on nous donne le nom d'époux.

« Ainsi, les portes de la Walhalla, toutes resplendissantes, ne se fermeront pas sur le prince, quand ma suite marchera derrière lui. Notre voyage ne se fera pas pauvrement.

« Car le suivront cinq de mes vierges et huit serviteurs de noble origine, mes sœurs de lait et mes hommes-liges que Budli donna à sa fille.

---

(1) L'original est incomplet, et ne porte que « deux à la tête et deux faucons. » Nous traduisons d'après la restitution de Grimm adoptée par la plupart des traductions allemandes.

« Je parlerais encore, j'en dirais bien davantage si le destin m'accordait plus de temps, mais ma voix s'éteint, mes blessures se gonflent. Aussi sûr que je meurs, je n'ai dit que la vérité. »

SECOND CHANT DE BRYNHILD

(FRAGMENT)

La flamme s'élançait, la terre tremblait et les langues de feu s'élançaient jusqu'au ciel. Nul parmi les plus braves n'osait s'avancer au milieu des flammes.

Sigurd dirige Grani avec son épée. Le feu s'éloigne du chef; les flammes s'abaissent devant le héros. L'arme qu'avait possédée Regin lance des éclairs...

Sigurd quitte la salle où l'on se réunit pour monter dans l'appartement supérieur. Il s'irrite, et sa colère est si grande que sa cotte de mailles, l'ornement des jours de combat, se brise sur sa poitrine (1).

---

(1) Ces trois strophes ne se trouvent point dans l'*Edda* et n'ont été conservées que dans la *Wölsunga-Saga*. Les deux

HÖGNI.

« Pourquoi te prépares-tu au meurtre et à la vengeance, ô Gunnar, fils de Giuki? Qu'a donc commis de si grave Sigurd, pour que tu veuilles lui enlever la vie? »

GUNNAR.

« Sigurd m'a juré son serment, il m'a juré et il l'a trahi. Il m'a indignement trompé, tandis qu'il devait respecter sa promesse. »

HÖGNI.

« C'est Brynhild, au cœur dur qui te pousse à commettre ce crime. Elle est jalouse du mariage qu'a fait Gudrun, et elle n'est pas heureuse d'être ton épouse. »

Ils firent rôtir de la chair de loup, ils découpèrent des serpents et donnèrent à Guthorm cette nourriture féroce avant, qu'avides de sang, ils osassent porter la main sur le noble guerrier.

Sigurd succomba du côté du sud, aux bords du Rhin. Du haut d'un arbre un corbeau s'écria :

premières se rapportent au moment où Sigurd, monté sur Grani, franchit la ceinture de flammes, le *wafrlogi*, qui entoure le burg de Brynhild.

« Atli rougira le fer dans votre sang. Assassins, vous porterez la peine de la foi violée. »

Gudrun, la fille de Giuki était dehors, et voici la première parole qu'elle dit : « Où est donc maintenant Sigurd, le chef victorieux ? D'où vient que les princes chevauchent en avant ? »

Högni seul répondit : « Nous avons tué Sigurd avec l'épée. Grani le cheval gris porte la tête basse sur le corps du roi son maître. »

Brynhild, la fille de Budli parla : « Vous régnerez maintenant sur les terres et sur les guerriers. Le chef des Hiunen en eût été le seul maître, si vous l'aviez laissé vivre plus longtemps.

« Il ne fallait pas que Sigurd régnât sur l'héritage de Giuki et sur les guerriers goths, ce qui serait advenu s'il avait élevé cinq fils avides de combats et prêts à soumettre les peuples. »

Et Brynhild se prit à rire, cette fois de tout cœur; le burg en retentit : « Puissiez-vous régner longtemps sur les terres et sur les hommes, maintenant que vous avez tué le plus vaillant des rois ! »

Gudrun, la fille de Giuki parla : « Tu te réjouis d'une manière odieuse du crime commis. Les mauvais esprits s'empareront du cœur de Gunnar. La vengeance atteint à la fin les âmes cruelles. »

Le soir était venu : on avait beaucoup bu et l'on avait échangé maintes paroles joyeuses. Tous s'endormirent sur leur couche; seul, Gunnar veille.

Il s'agite, il remue les pieds, il réfléchit en lui-même. Le chef des guerriers songe profondément à ce qu'ils se disaient entre eux, l'aigle et le corbeau, alors qu'il regagnait sa demeure.

Avant le jour, Brynhild s'éveilla, la fille de Budli, l'enfant des rois. — « Maintenant fais ce que tu voudras, le crime est accompli. Parler ou me taire me fait également souffrir.

« Pendant mon sommeil, Gunnar, j'ai vu des choses horribles. Dans la salle, tout était mort, et moi je dormais dans ma couche solitaire et froide, tandis que toi, ô roi, plein de soucis et les pieds enchaînés, tu chevauchais au milieu des bandes ennemies. Ainsi tombera la puissance de la race des Niflungen, car vous avez violé vos serments.

« Avez-vous donc entièrement oublié, ô Gunnar, comment, en signe de fraternité, vous fîtes couler réciproquement votre sang dans les empreintes de vos pas! Vous l'avez bien mal récompensé, ce héros, de la valeur qu'il déployait toujours au premier rang.

« Lorsque le vaillant chef vint chevauchant, afin de me conquérir pour vous, il fit bien voir, le victorieux, qu'il voulait garder sa promesse envers le jeune roi sans le trahir.

« Le noble chef plaça entre nous deux son épée ornée d'or. Elle lançait au loin des flammes ; mais elle était trempée dans le poison. »

Tous se turent en entendant ces paroles. Nul n'approuvait la conduite de cette femme, qui parlait en gémissant du crime auquel elle avait poussé ces guerriers en riant.

Ici le *lied* parle de la mort de Sigurd, et il semblerait qu'ils l'ont tué hors du burg. D'autres disent qu'ils l'ont frappé tandis qu'il dormait dans son lit. Mais des hommes originaires d'Allemagne racontent qu'il a été tué dans la forêt. Il est dit aussi dans un ancien *lied* de Gudrun, que Sigurd et les fils de Giuki se rendaient au Thing, quand ils l'assassinèrent. Mais tous s'accordent à affirmer qu'ils le trompèrent odieusement et qu'ils le tuèrent, quand il était couché et sans défense.

DESCENTE DE BRYNHILD

VERS LE ROYAUME DE HEL

Après la mort de Brynhild, on fit deux bûchers, le premier pour Sigurd qui fut brûlé d'abord ; le second pour Brynhild qu'on brûla après. Et elle était sur un char qui était recouvert d'étoffes funéraires. On raconte que sur ce char Brynhild prit le chemin de Hel et arriva près de la demeure d'une géante. La géante parla :

« Loin d'ici! Ne traverse pas ma résidence bâtie en quartiers de roc. Il aurait mieux valu pour toi broder des galons que désirer l'époux d'une autre femme.

« Que viens-tu chercher ici, dans ma demeure, créature avide, femme du Walland (1)? Si tu tiens

---

(1) *Af Vallendi* signifie le pays wallon, la contrée des Wallen ou Walschen. Par cette désignation géographique très vague le *lied* scandinave entendait sans doute un pays situé au sud, sur les bords du Rhin.

à le savoir, Walkyrie à la cuirasse d'or, bien des fois tu t'es lavé les mains dans le sang des guerriers. »

BRYNHILD.

« Ne me reproche pas, ô femme qui habites parmi les rochers, d'avoir combattu dans les batailles. Si l'on comparait notre dignité, je l'emporterais sur toi de beaucoup. »

LA GÉANTE.

« Tu es Brynhild, la fille de Budli, venue au monde à une heure funeste. Par ta faute périront les fils de Giuki, et cette haute famille sera anéantie. »

BRYNHILD.

« Du haut de mon char, moi, qui sais, je te dirai, à toi, stupide, si tu veux l'entendre, comment les fils de Giuki me firent perdre celui que j'aimais et manquer à mes serments.

« Le vaillant roi fit porter nos chemises à nous, huit sœurs, sous ces chênes (1). Je comptais douze hivers, si tu veux le savoir, quand j'engageai ma

(1) Il la fit devenir ainsi Walkyrie.

foi au jeune héros. Partout dans Hlymdalir, on m'appelait Hilde sous le heaume (1).

« Je fis descendre vers Hel Hialmgunnar, le vieux chef des Goths, et je donnai la victoire au jeune frère d'Auda. Je provoquai ainsi la colère d'Odin contre moi.

« Il m'entoura de boucliers dans Skatalund, de boucliers blancs et rouges, dont les bords me pressaient. Il ordonna que celui-là seul m'éveillerait de mon sommeil, qui jamais n'aurait connu la crainte.

« Autour de ma résidence, située vers le sud, il fit brûler le feu qui dévore le bois. Celui-là seul devait traverser la flamme qui m'apporterait l'or sur lequel Fafnir était couché.

« Celui qui savait bien distribuer l'or chevaucha sur Grani, vers les demeures de mon tuteur. Il me parut le plus vaillant des hommes, ce chef des Dânen, avec son allure digne d'un héros.

« Heureux, nous reposâmes sur la même couche comme s'il avait été mon frère. Durant huit nuits, aucun de nous deux n'avança son bras vers l'autre.

(1) C'est à dire Walkyrie. — Hilde était la déesse de la guerre. On se figurait les Walkyries revêtues de chemises blanches ou semblables à des cygnes. Hlymdalir est la vallée où résidait Helmir.

« Et pourtant, Gudrun, la fille de Giuki m'a accusée d'avoir dormi dans les bras de Sigurd (1). Je m'aperçus alors que, malgré moi, j'avais été trompée lors de mon mariage avec Gunnar.

« Trop longtemps encore des hommes et des femmes naîtront pour leur malheur. Mais Sigurd et moi nous ne serons plus jamais séparés. Rentre sous terre, fille des géants! »

(1) On voit paraître ici la tradition de la querelle de Brynhild et de Gudrun, dont le *troisième chant de Sigurd* ne fait pas mention, mais qui occupe une si grande place dans le *Nibelunge nôt*. Dans la *Wolsunga-Saga* et dans l'*Edda* en prose, la querelle des deux reines commence tandis qu'elles se baignent dans le fleuve pour s'y laver les cheveux.

PREMIER CHANT DE GUDRUN

Gudrun était assise penchée sur le corps de Sigurd. Elle ne pleurait pas comme font les autres femmes; mais la douleur faisait presque éclater sa poitrine. Des hommes et des femmes s'approchèrent pour la consoler; mais cela n'était point facile. On rapporte que Gudrun avait mangé du cœur de Fafnir, et que depuis lors elle comprenait le langage des oiseaux. Voici ce qu'on raconte encore de Gudrun :

Et il advint que Gudrun désirait mourir, tandis que, pleine de soucis, elle était assise, penchée sur Sigurd. Elle ne gémissait pas, elle ne frappait point ses mains l'une contre l'autre, elle ne pleurait pas comme font les femmes.

Des chefs s'approchèrent avec compassion pour adoucir son désespoir sombre. Gudrun était si affligée, qu'elle ne pouvait pas pleurer. De douleur, son cœur était près de se briser.

De nobles femmes, compagnes des héros, parées de joyaux d'or, étaient assises près de Gudrun. Chacune d'elles racontait les épreuves les plus dures qu'elle avait subies.

Giaflög, la sœur de Giuki, parla d'abord : « Je me considère comme la plus affligée qui soit au monde. J'ai perdu cinq époux, deux filles, trois fils et huit frères : seule, je survis. »

Mais, à cause de sa douleur, Gudrun ne pouvait point pleurer, tant elle était affligée de la mort de son époux, désespérée du meurtre du roi.

Alors parla Herborg, la reine du Hiunenland : « J'ai à rappeler de bien plus grands malheurs. Mes sept fils et mon époux, le huitième, sont tombés sous le fer ennemi dans les pays du sud.

« La tempête fit périr, dans les flots, mon père, ma mère et quatre frères ; les vagues brisèrent les bordages de leur navire.

« Je fus obligée de leur rendre moi-même les honneurs funéraires et de préparer leur voyage vers le royaume de Hel. J'ai éprouvé toutes ces pertes dans l'espace d'une demi-année, et personne ne m'apporta de consolation.

« Avant la fin de cette même demi-année, je fus

faite prisonnière et enchaînée. Chaque matin, je devais préparer les ornements et attacher les chaussures de la femme du Jarl.

« Par jalousie, elle me menaçait sans cesse et me frappait durement. Jamais je ne vis maître aussi bon ni aussi méchante maîtresse. »

Mais, à cause de sa douleur, Gudrun ne pouvait point pleurer, tant elle était affligée de la mort de son époux, désespérée du meurtre du roi.

Alors parla Gullrönd, fille de Giuki : « Quoique tu saches beaucoup de choses, ô tutrice, tu ne sais pas comment il faut adoucir la douleur d'une jeune épouse. » Et elle fit découvrir le corps du héros.

Elle enleva le linceul qui cachait Sigurd, et posa sa tête sur les genoux de sa femme : « Regarde ton bien-aimé et pose ta bouche sur ses lèvres, et embrasse-le comme tu faisais quand il vivait encore. »

Un instant seulement, Gudrun leva les yeux : elle vit la chevelure du chef raidie par le sang, les yeux brillants du roi sans regard, et son cœur, le siége du courage, transpercé.

La reine tomba en arrière sur les coussins du siége. Ses cheveux se dénouèrent, ses joues rougirent, et un torrent de larmes inonda ses genoux.

Alors elle pleura, Gudrun, la fille de Giuki, et

un flot de larmes ininterrompu coula de ses yeux, et les oies que possédait la reine crièrent dans la cour, ces nobles oiseaux (1).

Gullrönd, la fille de Giuki, dit : « Je vois en toi l'amour le plus fort, qui jamais exista sur la terre. O ma sœur, tu ne trouvais de joie nulle part, si ce n'est aux côtés de Sigurd.

Gudrun, la fille de Giuki, parla : « Comme l'ail altier s'élève au dessus des herbes, comme sur un baudrier brille une pierre précieuse enchâssée dans l'or ; ainsi, parmi les chefs, près des fils de Giuki, brillait mon Sigurd.

« Et moi aussi je paraissais aux guerriers du roi, supérieure aux Dises de Herian (2). Et maintenant, depuis que le roi est mort, je suis moins qu'une branche morte que la tempête brise dans la forêt.

« Sur mon banc et dans mon lit, il me manque l'ami avec qui je m'entretenais. Les fils de Giuki

---

(1) Dans l'économie domestique du Nord, les oies étaient un objet important, et les filles des rois ne dédaignaient pas d'en prendre soin. L'oie de Noël, auquel en Angleterre on attache tant de prix, rappelle encore ce trait des mœurs primitives des Germains et des Scandinaves.

(2) Herian est le nom d'Odhin en tant qu'il règne dans la Walhalla, et les Dises reçoivent les guerriers morts en combattant. Gudrun veut dire qu'elle paraissait supérieure même aux Walkyries.

ont fait mon malheur, oui, les fils de Giuki ont causé à leur sœur d'amères souffrances.

« En étant infidèle à vos serments, vous avez fait du pays un désert. Mais, Gunnar, tu ne jouiras pas de cet or; ces anneaux d'or rouge te coûteront la vie, parce que tu avais fait serment d'amitié à Sigurd.

« Il y avait souvent plus de joie à la cour que le jour où mon Sigurd sella Grani, et où ils partirent afin de conquérir, pour notre malheur, Brynhild, cette femme perfide. »

Brynhild parla, la fille de Budli : « Qu'elle soit privée de ses enfants et de son mari, Gudrun, celle qui t'a fait verser des larmes et prononcer, dès le matin, ces tristes paroles. »

Gullrönd, fille de Giuki, parla : « Cesse de parler, ô toi qui es haïe de l'univers entier. Tu as toujours été pour les guerriers une cause d'infortune. Les vagues du malheur t'apportent toujours avec elles. Tu as amené la mort de sept rois, et tu as anéanti la joie de bien des femmes. »

Alors Brynhild, fille de Budli dit : « C'est Atli, mon frère, le fils de Budli, qui est la cause de tous ces malheurs.

« Nous étions assis dans le palais des Hiunen, quand nous vîmes le prince et son or, cet or brillant de Fafnir. Depuis, j'ai payé cher sa visite et l'instant où je l'aperçus, et je le vois encore toujours. »

Elle se tenait près du pilier en bois d'aulne : elle le saisit. Les yeux de Brynhild, fille de Budli, lancèrent des flammes, et du poison sortit de sa bouche quand elle vit les blessures de Sigurd.

Gudrun se retira dans les forêts et dans les solitudes et arriva jusqu'en Danemark. Elle demeura là avec Thora, fille de Hakon, pendant sept demi-années. Brynhild ne voulut plus vivre après la mort de Sigurd. Elle fit égorger huit de ses serviteurs et cinq de ses suivantes, puis elle s'enfonça une épée dans le corps, comme cela est raconté dans le plus court des *Chants de Sigurd*.

MORT DES NIFLUNGEN

Alors Gunnar et Högni prirent tout l'or, l'héritage de Fafnir. Les Giukungen et Atli devinrent ennemis, parce que celui-ci leur reprochait d'être cause de la mort de Brynhild. Cependant ils se réconcilièrent et les Giukungen donnèrent à Atli Gudrun en mariage. Mais pour qu'elle consentît à accepter cet époux, ses frères lui donnèrent à boire le breuvage qui fait oublier. Erp et Eitil étaient les fils d'Atli; Swanhilde était la fille de Sigurd et de Gudrun. Le roi Atli invita Gunnar et Högni et leur envoya Wingi ou Knefröd. Gudrun soupçonna quelque trahison et leur écrivit en runes de ne pas venir, et comme confirmation elle envoya à Högni l'anneau *Andwara-naut*. Gunnar avait tenté d'obtenir Oddrun, la sœur d'Atli, mais il n'avait pas réussi. Il épousa alors Glömvra et Högni, Kostbera. Leurs fils furent Solar, Snawar et Giuki. Quand les Giukungen arrivèrent auprès d'Atli, Gudrun dit à ses fils de demander qu'on leur laissât la vie ; mais ses fils s'y refusèrent. A Högni on arracha le cœur de la poitrine ; Gunnar fut jeté dans la tour aux serpents. Il joua de la harpe et endormit tous les serpents, sauf une vipère qui le mordit jusque dans le foie.

SECOND CHANT DE GUDRUN

(GUDHRUNARKVIDHA ONNUR)

Le roi Thiodrek était près d'Atli et avait perdu la plupart de ses hommes. Thiodrek et Gudrun se confiaient leur douleur l'un à l'autre. Elle lui parla et chanta :

Ma mère m'éleva, moi, la vierge des vierges, dans des salles brillantes. J'aimais mes frères, jusqu'à ce que Giuki, me couvrant d'or, me donna à Sigurd.

Près des fils de Giuki, Sigurd était semblable à une noble plante qui s'élève au dessus des herbes, à un cerf superbe parmi des lièvres, ou à de l'or aux rouges reflets, à côté de l'argent à la couleur grisâtre.

Ainsi fut-il jusqu'à ce que mes frères devinssent jaloux de mon époux, le premier des guerriers. Ils ne pouvaient ni se reposer, ni juger les contestations avant qu'ils eussent tué Sigurd.

J'entendis résonner les sabots de Grani qui revenait; mais je ne vis pas Sigurd lui-même. Tous les chevaux avaient le flanc ensanglanté par l'éperon; poussés par les assassins, ils étaient blanchis d'écume.

L'âme affligée, j'allai parler à Grani, et, les joues humides de pleurs, j'interrogeai le cheval. Grani courba la tête jusqu'à terre : il savait bien que son maître était mort.

J'hésitai longtemps; mon cœur faiblit avant de demander au chef des peuples où était Sigurd.

Gunnar baissa la tête; mais Högni me dit, au sujet de la mort de Sigurd : « Il gît assassiné de l'autre côté du fleuve. Celui qui a tué Guttorm est en proie aux loups.

« On peut voir le corps de Sigurd sur le chemin du sud. On y entend crier les corbeaux, les faucons joyeux battent de l'aile et les loups hurlent à l'entour du héros. »

— « Comment, ô Högni, as-tu pu m'apprendre à moi, malheureuse, une si triste nouvelle? Personne ne te recevra, et les corbeaux te dévoreront le cœur sur une terre lointaine. »

Högni répondit à cette femme, aigrie par la douleur : « O Gudrun, ton désespoir serait plus grand encore, si les corbeaux devaient dévorer mon cœur. »

Je m'éloignai d'eux, et j'allai seule rassembler les débris du festin des loups. Je ne gémissais pas, je ne frappais pas mes mains l'une contre l'autre, je ne pleurais pas comme font les femmes, tandis que j'étais assise, inerte, près du corps de Sigurd.

La nuit me parut noire comme une sombre nuit de nouvelle lune, tandis que j'étais assise, pleine de douleur, à côté de Sigurd. Les loups eussent été les bienvenus, s'ils étaient venus me délivrer de la vie ; j'aurais voulu qu'on me brûlât comme on brûle le bois de bouleau.

Je m'éloignai du lieu du meurtre. Après cinq jours, j'arrivai près des hautes demeures de Half. Je demeurai sept demi-années près de Thora, la fille de Hakon, en Danemark.

Pour me distraire, elle broda en or des palais d'Allemagne et des rois du Danemark.

Nous représentâmes en broderies les combats des guerriers, et, avec l'aiguille, nous dessinâmes des héros aux boucliers rouges et toute une superbe troupe de Hiunen, bien armés et le heaume en tête.

Les vaisseaux de Sigmund s'éloignent du rivage avec leur poulaine dorée et leur poupe bien ornée. Nous brodâmes aussi les hauts faits de Sigar et de Siggeir au sud du Fife.

Grimhild, la princesse des Goths, entendit combien j'étais accablée de mon malheur. Elle se leva de sa couche, et appela ses fils et les interrogea anxieusement pour savoir qui offrirait à leur sœur une composition pour la mort de son époux, le fils de Sigmund.

Gunnar offrit de lui donner de l'or pour apaiser sa douleur, et Högni fit de même. Elle demanda aussi qui voulait aller seller les chevaux, conduire les chars, monter les coursiers, chasser avec l'épervier, et lancer les flèches avec l'arc recourbé.

Les princes conduisirent devant moi Waldar le Danois et Jarisleif, Eimod, le troisième, et Jariskar. Les guerriers lombards portaient des manteaux de guerre rouges, des armures brillantes et des heaumes élevés. Ces hommes, aux blonds cheveux portaient de larges épées.

Ils me promirent de riches ornements; ils me les promirent, avec de douces paroles, si, après tant de douleurs, je voulais me fier à eux et accepter leurs consolations.

Grimhild m'apporta une coupe froide, amère, qui me fit oublier mes chagrins. On avait mêlé à la boisson la force d'Urda, l'eau froide de lacs et le sang de la réconciliation.

Ils avaient gravé en couleur rouge sur la corne à boire toute espèce de signes que je ne sus point comprendre : le grand serpent du pays des Haddingen, des épis non coupés et les cavernes hantées par les bêtes fauves.

Ils avaient mêlé à la boisson des choses malfaisantes, des racines de plantes, des herbes de la forêt, de la graisse de bœuf, des intestins d'animaux, du foie de sanglier qui adoucit la douleur.

J'oubliai ainsi, hélas! les promesses faites à Sigurd. Les trois rois vinrent alors se mettre à mes genoux ; puis la reine elle-même s'approcha et dit :

« Reçois cet or, Gudrun, je te le donne. C'est l'héritage laissé par ton père, des anneaux brillants, les burgs de Hlödwers, et tous les serviteurs du prince défunt,

« Et des jeunes filles Hiunes habiles à tisser des étoffes d'or : que cela te console. Tu disposeras à ton gré des trésors de Budli, tu seras la brillante épouse d'Atli. »

GUDRUN.

« Je ne veux plus épouser personne; je ne

veux plus du frère de Brunhild. Je ne dois pas avoir d'enfants du fils de Budli et je ne puis vivre avec lui. »

GRIMHILD.

« La haine ne doit pas retomber sur ce héros ; c'est nous qui avons tout fait. Si tu élèves des fils, ce sera comme si tu possédais encore Sigurd et Sigmund. »

GUDRUN.

« Non, ô ma mère, je ne dois plus connaître la joie ni entretenir l'espérance des héros, depuis que j'ai vu les corbeaux, acharnés à leur proie, boire le sang qui coulait du cœur de Sigurd. »

GRIMHILD.

« Et cependant j'ai trouvé qu'Atli était le plus noble des princes et le premier de tous : ne le repousse pas. Tu demeureras seule et sans époux jusqu'à ce que l'âge te courbe, si tu ne l'acceptes pas. »

GUDRUN.

« Ne me vante pas cette race méchante et perfide. Il fera périr Gunnar d'une mort affreuse et il arrachera le cœur d'Högni. Je n'aurai de repos que quand j'aurai abrégé la vie de ce chef qui conduit les guerriers au combat. »

Grimhild écoute en frémissant ces paroles qui annoncent la mort de ses enfants et la destruction de sa lignée.

GRIMHILD.

« Je te donne encore en propriété beaucoup de pays et de gens, Winbiörg et Walbiörg, si tu consens à épouser le prince. »

GUDRUN.

« Eh bien, j'épouserai le chef, mais malgré moi et pour complaire à ma famille. Jamais mon époux ne me donnera le bonheur, et mes fils (1) paieront la mort de mes frères. »

Aussitôt les guerriers montèrent à cheval et l'on fit entrer les femmes Welsches dans les chariots. Nous voyageâmes sept jours à travers une région froide et marécageuse, sept jours nous naviguâmes sur les flots de la mer, et sept jours nous gravîmes des hauteurs arides.

Les gardiens du grand burg ouvrirent la grille et nous, chevauchant, nous franchîmes la porte.

Atli m'éveilla, mais je lui parus remplie du pressentiment de la mort de mes parents.

(1) Les fils qu'elle aura d'Atli.

ATLI.

« Les Nornes m'ont tiré de mon sommeil. Que mes rêves puissent être d'heureux présages ! Mais je rêvais, Gudrun, que toi, la fille de Giuki, tu me perçais le cœur d'un fer meurtrier. »

GUDRUN.

« Rêver de poignard signifie incendie, et la colère de la femme est un présage de querelles domestiques. Je brûlerai tes plaies envenimées et je les guérirai, quoique tu me fasses souffrir. »

ATLI.

« Dans le jardin, je voyais, arrachées les jeunes plantes que j'aurais désiré voir grandir. Elles étaient arrachées avec leurs racines rougies de sang, et on les mettait sur ma table, afin que je les mangeasse.

« Mes éperviers s'envolaient de ma main sans nourriture vers un lieu, où ils devaient périr. Je mangeais leurs cœurs préparés avec du miel, mais couverts de sang.

« Mes chiens avaient fui loin de moi : je les entendais pousser des hurlements plaintifs. Leur chair s'était pourrie, et plein de dégoût, je mangeais leurs cadavres. »

GUDRUN.

« Tes serviteurs, pour préparer un festin, saisiront des porcs par la tête. Bientôt il les tueront, la nuit avant l'aube, afin de les servir aux guerriers. »

Depuis lors je fuis le sommeil sur ma couche et je songe ; mais j'agirai.

TROISIÈME CHANT DE GUDRUN

(GUDHRUNARKVIDHA THRIDHJA)

Herkia (1) était le nom d'une servante d'Atli qui avait été sa maîtresse. Elle dit à Atli qu'elle avait vu Thiodrek et Gudrun ensemble. Atli s'en émut : Gudrun lui dit :

« Qu'as-tu donc Atli, fils de Budli? Quel poids oppresse ton cœur? Tu ne ris plus jamais. Les Jarls seraient plus satisfaits si tu parlais aux guerriers et si tu me témoignais ton amour. »

ATLI.

« Voici ce qui m'afflige, ô Gudrun, fille de

(1) Cette Herkia est la Hercha ou Helche de la tradition germanique qui, dans les Nibelungen, est la première femme d'Etzel avant qu'il épouse Krimhild, laquelle s'appelle ici Gudrun.

Giuki. Herkia m'a dit que tu t'es couchée dans un même lit avec Thiodrek, et qu'infidèle tu t'es cachée sous le même drap. »

GUDRUN.

« Je suis prête à jurer par la pierre blanche de l'épreuve sacrée que je n'ai point accordé au fils de Dietmar, ce qui n'appartient qu'à mon maître et à mon époux.

« Je n'ai embrassé ce prince sans reproche qu'une seule fois, et tandis que nous causions à deux dans la salle, nos discours étaient innocents.

« Thiodrek vint ici avec trente guerriers ; tous les trente ont cessé de vivre. Fais-moi entourer par tes frères revêtus de leur cuirasse et range autour de moi tous tes nobles parents.

« Fais venir ici le chef des Saxons qui habitent vers le Sud : il sait consacrer, lui, la chaudière bouillante. »

Sept cents guerriers se réunirent dans la salle, avant que la reine plongeât sa main dans la chaudière.

GUDRUN.

« Gunnar n'est pas près de moi et je ne puis adresser mes plaintes à Högni. Je ne verrai plus mes frères chéris. Ah! l'épée de Högni me vengerait de cette offense, mais maintenant c'est moi seule qui dois me justifier de cette accusation. »

Elle plongea sa blanche main dans la chaudière, et en retira les pierres semblables à la prunelle de l'œil. « Voyez guerriers, mon innocence est prouvée par des signes sacrés et certains. »

Le cœur d'Atli bondit de joie dans sa poitrine, quand il vit les mains de Gudrun intactes et sans brûlures. Maintenant, Herkia subira l'épreuve, elle qui a voulu perdre ma femme innocente. »

Rien d'aussi lamentable que de voir les mains de Herkia se brûler dans l'eau bouillante. On conduisit la jeune femme vers le marais bourbeux pour l'y enterrer vive. Ainsi fut vengée l'offense de Gudrun.

LA PLAINTE D'ODDRUN

(ODDRUNARGRATR)

Il y avait un roi qui s'appelait Heidrek. Sa fille se nommait Borgny et le bien-aimé de celle-ci Wilmund. Elle ne parvenait pas à enfanter jusqu'à l'arrivée d'Oddrun, sœur d'Atli. Elle avait été l'amante de Gunnar, fils de Giuki. C'est de cette saga qu'il est question ici.

D'anciens récits rapportent qu'une jeune fille arriva au pays de l'Orient. Personne, ni homme ni femme, ne savait comment secourir la fille d'Heidrek.

Oddrun, la sœur d'Atli entendit dire que la jeune fille était en proie à d'horribles douleurs. Elle sortit de l'écurie le cheval au mors pesant et mit la selle sur ce noir coursier.

Sur le sentier uni, elle poussa le cheval rapide jusqu'à ce qu'elle vît les hautes salles. Elle délivra de la selle le coursier affamé et se hâta d'entrer dans la demeure. Voici les premiers mots qu'elle prononça :

« Qu'est-il arrivé d'heureux en ce canton ? Que se passe-t-il au pays des Hiunes ? »

BORGNY.

« Borgny gît ici accablée de douleurs. O Oddrun, viens au secours de ton amie. »

ODDRUN.

« Quel est le prince qui est cause de tes tourments ? D'où vient que Borgny soit en proie à de si grandes douleurs ? »

BORGNY.

« Il s'appelle Wilmund, l'ami du chef aux nombreux faucons. Cinq hivers durant, à l'insu de son père, il entoura la jeune fille de chaudes couvertures. »

Je crois qu'elles ne se dirent rien de plus. Elle s'assit doucement aux genoux de la jeune fille. Oddrun chanta à haute voix. A haute voix, Oddrun chanta des chants magiques sur Borgny.

Une fille et un garçon voient le jour de charmants enfants du vainqueur de Högni (1). La jeune femme

(1) Il ne s'agit pas ici de Högni, frère de Gunnar, mais d'un guerrier qui portait le même nom.

malade ne tarda pas à parler. Voici les premiers mots qu'elle dit : « Que les bonnes puissances Frigg et Freyja et les autres dieux te soient propices, toi qui m'as délivrée de ce danger extrême. »

ODDRUN.

« Je ne me suis point levée pour venir à ton secours, parce que je croyais que tu en étais digne; non, quand les nobles chefs se partagèrent l'héritage, je promis de venir en aide à toute femme qui enfanterait, et j'ai tenu ma promesse. »

BORGNY.

« Tu as tort, Oddrun, de parler ainsi sans réfléchir, poussée par la colère. Car nous avons vécu longtemps amicalement ensemble, comme si nous étions les enfants de deux frères. »

ODDRUN.

« Je me rappelle encore les paroles que tu prononças quand je préparais le repas de Gunnar. Certes, disais-tu, nulle jeune fille, sauf moi, n'en ferait autant. »

La jeune femme, accablée de douleurs, s'assit et ses gémissements trahissaient sa souffrance.

ODDRUN.

« Je fus élevée dans une riche demeure, chacun

m'aimait et m'estimait heureuse, mais je ne jouis de ma jeunesse et des richesses que pendant cinq hivers, avant qu'il mourût.

« Avant de quitter la vie, ce roi fier et puissant nous fit connaître ses dernières volontés.

« Il me combla d'or rouge, et m'envoya vers le Sud pour épouser le fils de Grimhild. Il n'y aurait point eu d'aussi noble fille que moi sous la lune, si les divinités ne m'étaient point devenues contraires.

« Brynhild, dans sa chambre, travaillait à des tapisseries. Elle possédait beaucoup de terres et ses fidèles l'entouraient. La terre et le ciel dormaient encore, quand le vainqueur de Fafnir aperçut le Burg.

« On se battit rudement avec des épées welches, et le burg où résidait Brynhild fut pris. Avant peu de temps, qui s'en étonnerait ! elle connut la trahison exercée à son égard (1).

« Elle se vengea si cruellement, que tous nous eûmes à en souffrir. Partout où habitent des hommes, on sait comment elle se tua après la mort de Sigurd.

« J'avais déjà accordé mon affection à Gunnar, ce guerrier à la forte cuirasse, comme Brynhild

(1) Lors de son mariage avec Gunnar.

aurait dû le faire. Elle faisait bien, pensait-il, de porter le heaume et de redevenir Walkyrie.

« Les guerriers offrirent à mon frère des anneaux d'or rouge et une riche composition. Pour m'obtenir Gunnar offrit aussi quinze domaines et l'or qu'avait apporté Grani.

« Atli répondit qu'il repoussait les dons de fiançailles du fils de Giuki. Mais nous ne pouvions pas toujours contenir notre amour, et j'appuyai ma tête sur l'épaule de Gunnar.

« Beaucoup de mes parents m'accusaient tout bas d'entretenir avec le roi des relations coupables ; mais Atli pensait que je ne m'abaisserais jamais au point de perdre mon honneur.

« Toutefois nul ne peut répondre d'autrui, là où règne l'amour.

« Atli envoya ses espions au plus profond de la forêt de sapins pour me surprendre, et ils vinrent là où ils n'auraient pas dû venir, et ils nous virent couchés ensemble.

« Nous offrîmes à ces guerriers des anneaux d'or rouge, afin qu'ils cachassent tout à Atli. Mais ils se hâtèrent de regagner leur palais et de tout révéler à Atli.

« Ils ne dirent rien à Gudrun, qui pourtant aurait dû tout savoir.

« On entendit résonner les pieds ferrés d'or des

coursiers, quand les fils de Giuki entrèrent dans la cour du burg. On coupa le cœur d'Högni hors de sa poitrine, et on jeta Gunnar dans la tour aux serpents.

« J'étais allée, en ce moment, ainsi que cela m'arrivait fréquemment, dans la demeure de Geirmund, afin de l'aider à recevoir ses hôtes. Gunnar, le héros, se mit à jouer de la harpe : le noble chef espérait que, par adresse, j'aurais pu venir à son secours.

« J'écoutai et je l'entendis de Hlesey, où je me trouvais ; comme les cordes de la harpe résonnaient lamentablement !

« J'avertis mes vierges de se hâter de me suivre ; je voulais sauver la vie du roi. Nous conduisîmes la barque au delà du bras de mer, jusqu'à ce que nous aperçûmes toutes le burg d'Atli.

« Pleine de venin, la mère d'Atli se dirigeait de ce côté, — puisse-t-elle pourrir au fond d'un marais, — et elle mordit Gunnar au cœur (1). Ainsi je ne pus sauver ce chef glorieux.

« Je m'étonne souvent comment moi, vierge couverte de l'or de Gnitaheide, j'ai pu conserver la vie, car je croyais aimer mieux que moi-même

(1) Gunnar, par les sons de sa harpe, avait endormi tous les serpents ; mais la mère d'Atli, métamorphosée en vipère, le tua en le mordant au cœur.

ce chef vainqueur dans les combats, qui distribuait des épées aux guerriers.

« Te voilà assise, écoutant le récit de mes incomparables malheurs et des siens. L'existence de chacun est réglée par le destin. La plainte d'Oddrun est terminée. »

LA SAGA D'ATLI [1]

(ATLAKVIDHA)

Gudrun, la fille de Giuki, vengea la mort de ses frères, ainsi que tout le monde le sait. Elle tua d'abord les fils d'Atli, ensuite elle tua Atli lui-même et brûla le palais avec tous ceux qui s'y trouvaient. Voici la saga qui a été faite à ce sujet :

Atli envoya à Gunnar un messager très adroit : il s'appelait Knefröd. Il se rendit du palais de Giuki en la demeure de Gunnar. Il accepta le siége du foyer et la bière de l'hospitalité.

Les hommes de Gunnar buvaient du vin dans la salle, et ils craignaient la colère des Hiunen

---

[1] Cette saga, l'*Atlakvidha*, et la suivante, l'*Atlamal*, sont désignées sous le nom de sagas groenlandaises, parce qu'elles ont été composées ou tout au moins recueillies dans une province du sud de la Norwége appelée Groenland.

rusés. Les messagers se taisaient. Knefröd, l'envoyé du Sud, parla d'une voix grave du haut du siége élevé qu'il occupait :

« Atli m'envoie vers vous, et je suis venu ici en traversant le sauvage Myrkwid, la noire forêt, sur nos coursiers qui mordent leur frein, afin de vous engager à visiter la demeure d'Atli en costume pacifique.

« Vous pourrez choisir là-bas à votre gré des boucliers et de bonnes lances, des casques d'or brillant et des serviteurs Hiunes, des caparaçons brodés d'argent, des cuirasses qui protégent dans le combat, et des coursiers qui mordent le frein.

« Il vous donnera de l'or de Gnitaheide, des lances brillantes avec des manches d'or, des trésors princiers et les villes de Danpis, et cette belle forêt qu'on nomme Myrkwid. »

Gunnar tourna la tête et dit à Högni : « Que dis-tu, ô guerrier prudent, de ce discours? Nous possédons autant d'or qu'on a pu en trouver sur la Gnitaheide.

« Nous avons sept salles pleines de glaives dont la poignée est ornée d'or. Nulle épée n'est plus acérée que la mienne, et nul cheval plus rapide que mon coursier noir. Mon arc est digne d'être pendu au dessus de mon banc, ma cuirasse est d'or, et brillants sont mon casque et mon bouclier apportés jadis des halles de Kari. J'estime qu'ils sont meilleurs que tous ceux des Hiunes. Que nous conseille notre sœur en nous envoyant cet anneau enveloppé dans une peau de loup? Elle nous avertit, je crois. de prendre garde à nous. J'ai trouvé l'anneau d'or enveloppé de poils de loup. Le voyage que nous devrions entreprendre est plein de périls. »

Nul ne donna son avis à Gunnar, ni ses proches, ni ses conseillers, ni ceux qui déchiffraient les runes. Gunnar donna ses ordres dans la salle à boire, comme il convenait à un prince généreux.

« Lève toi, Fiörnir, et que les serviteurs apportent à la ronde des coupes d'or aux guerriers.

« Vieillard à la barbe grise, le loup régnera sur l'héritage des Niflungen, si Gunnar succombe. Les ours à la fourrure brune ravageront les champs cultivés à la grande joie des chiens, si Gunnar ne revient pas. »

De nobles guerriers conduisirent hors de la salle en soupirant, le roi, le chef qui se plaît dans les combats. Le jeune héritier d'Högni parla : « Allez joyeux et rassurés là où votre cœur vous appelle. »

Les guerriers joyeux poussèrent leurs chevaux ardents sur les hauteurs à travers la sombre Myrkwid. Tout le Hunmark retentit au passage de ces hommes intrépides. Ils franchirent de vertes plaines dépouillées d'arbres.

Les tours du burg d'Atli s'élançaient dans les nues. Les fidèles de Bikki les gardaient, et on y voyait les salles des hommes du Sud remplies de bancs pour s'asseoir, d'armes pendues au mur, de boucliers brillants et de cottes de mailles qui préservent des blessures. Atli buvait du vin dans la salle d'armes. Des sentinelles se tenaient au dehors pour annoncer l'arrivée des hommes de Gunnar qui s'approchaient la lance au poing, et pour commencer l'attaque contre le roi.

Sa sœur s'avança à la rencontre de ses frères jusqu'au seuil de la salle. On ne leur offrit pas la bière de l'hospitalité : « Gunnar, tu es trahi, dit-elle. Comment, ô noble guerrier, pourras-tu échapper aux embûches préparées par la haine ? Hâte-toi de fuir cette demeure.

« Mieux eût valu, frère, que tu eusses revêtu ton armure plutôt que de venir visiter Atli en cet appareil pacifique. Vous auriez pu combattre, assis sur vos coursiers, à la clarté du soleil, et donner à pleurer aux Nornes sur les corps des guerriers morts dans le combat. Vous auriez fait gémir les Walkyries qui protégent les Hiunes, et vous auriez pu jeter Atli dans la tour aux serpents. C'est vous, maintenant, qui y serez enfermés. »

— « Il est trop tard, ô ma sœur, pour appeler ici les Niflungen. Il faudrait trop de temps pour amener ces guerriers sans reproche, à travers les âpres montagnes du Rhin. »

Les hommes du beau-frère des Burgondes s'emparèrent de Gunnar et l'attachèrent avec de forts liens.

De sa bonne épée, Högni en abattit sept ; il en jeta un huitième dans le feu. Ainsi se défendit ce vaillant héros contre ses ennemis.

Högni repoussa ceux qui voulaient frapper Gunnar. Ils demandèrent à Gunnar, chef des Goths (1), s'il voulait acheter sa liberté au prix de l'or.

— « Oui, si d'abord je tiens le cœur d'Högni dans ma main. Qu'on enlève de la poitrine de ce prince, avec du fer, le cœur ensanglanté du plus brave des guerriers. »

Ils enlevèrent le cœur de Hialli de sa poitrine, et l'apportèrent tout ensanglanté à Gunnar sur un plateau.

---

(1) Gunnar était nommé au commencement de ce chant chef des Hiunes, puis on le désigne lui et son frère sous le nom de Burgondes et de Goths. Le rédacteur de la saga ne semble pas avoir eu une idée précise de ces noms de peuples que la tradition lui livrait. Les sagas groenlandaises sont les plus récentes de l'*Edda*.

Gunnar, le chef des Goths, dit alors : « C'est là le cœur du lâche Hialli ; il ne ressemble point à celui du vaillant Högni. On le voit encore trembler sur ce plateau ; la poitrine qui le renfermait tremblait encore davantage. »

Högni se mit à rire tout haut, tandis qu'on lui coupait le cœur de la poitrine. Ce guerrier intrépide ne songea guère à se plaindre. Ils apportèrent son cœur sur un plateau à Gunnar.

Gunnar, le vaillant Niflung, dit tout joyeux : « Oui, j'ai là devant moi le cœur du brave Högni, qui ne ressemble point à celui du lâche Hialli. On ne le voit pas trembler sur le plateau, et la poitrine qui le renfermait tremblait moins encore.

« Puisses-tu, Atli, demeurer toujours aussi éloigné de mes regards, que les trésors que tu convoites le seront des tiens. Depuis que Högni est mort, je connais seul l'endroit où est caché le trésor des Niflungen.

« Aussi longtemps que nous étions deux à le connaître, je n'étais point rassuré ; maintenant que je reste seul, je ne crains plus rien. Le Rhin seul possédera ce trésor connu des Ases et qui portait malheur aux hommes, l'héritage des Niflungen. Les anneaux d'or jetteront un plus vif éclat dans les vagues du fleuve qui les ballotte, qu'aux mains des fils des Hiunes.

— « Qu'on amène un chariot ! Qu'on enchaîne ce guerrier ! »

Le puissant Atli, entouré d'un cortége de lances, emmena Gunnar sur un coursier qui faisait résonner le sol sous ses pas. Gudrun vit avec douleur la captivité du héros. Retenant ses larmes, elle se jeta au milieu de la foule bruyante :

« C'est donc ainsi, Atli, que tu gardes envers Gunnar les serments que tu lui as jurés par le soleil levant, par la montagne de Sigty (1), par le repos de ta couche, par l'anneau d'Uller (2)? » Sur les ordres du roi, un étalon, mordant le frein, conduisit à la mort le guerrier, désormais seul maître du trésor.

La troupe des soldats jeta le prince vivant dans la prison toute pleine d'affreux serpents. Gunnar seul, et en proie à la colère, joua de la harpe avec ses doigts de pied. Les cordes rendaient des sons puissants. — C'est ainsi qu'un prince qui possède des trésors doit les refuser à ceux qui les convoitent.

Après le meurtre, Atli dirigea ses coursiers ardents vers sa demeure. Le pas des chevaux et le bruit des armes des soldats firent retentir le burg, quand ils revinrent de la bruyère.

Gudrun alla à la rencontre d'Atli. Elle présenta

(1) Surnom d'Odin.
(2) Uller est la divinité qui présidait à l'automne.

au roi une coupe d'or : « Salut, ô roi ; maintenant tu posséderas comme un don de Gudrun les lances des guerriers morts. »

Les coupes d'Atli, remplies d'ale, s'entre-choquèrent, quand les Hiunes se réunirent dans la salle, ces guerriers à la longue barbe.

Souriante, elle s'avança, la noble femme, pour leur offrir à boire et pour présenter à manger au noble roi ; mais Atli pâlit quand elle lui eut adressé la parole.

— « O chef, qui distribue de bonnes épées, tu as mangé les cœurs sanglants de tes fils avec du miel. J'ai pensé, vaillant roi, que tu aimais à manger de la chair humaine rôtie et à en offrir à l'hôte qui occupe la place d'honneur.

« Jamais plus, tu ne verras à tes genoux Erp et Eitil joyeux, après avoir bu leur ale. Tu ne les verras plus brandir fièrement leurs lances ornées d'or, ni conduire ou dompter de bons coursiers. »

Dans la salle retentirent les cris de fureur des hommes et les plaintes désolées des femmes : ils pleuraient, les fils des Hiunes ! Gudrun, seule, ne pleurait pas ; elle ne pleurait pas, la femme au cœur fort, ni sur ses vaillants frères, ni sur ses doux enfants si jeunes, si innocents, qu'elle avait eus d'Atli.

Elle sema de l'or, la reine blanche comme un

cygne ; elle offrit aux serviteurs des anneaux d'or rouge. Pour arriver à ses fins, elle prodigua le précieux métal. Elle n'épargna point son trésor, l'opulente reine !

Imprudemment, Atli avait trop bu. Il était sans défense, car il ne se défiait pas de Gudrun. Leur tendresse eût mieux convenu en d'autres moments, que quand ils s'embrassèrent maintenant, en présence de leurs nobles hommes.

De ses mains avides de meurtre elle donna à boire du sang à la couche conjugale. Elle lâcha les chiens et jeta devant la porte de la salle des torches enflammées, préparant aux fidèles d'Atli un horrible réveil : elle vengeait ainsi ses frères.

Elle livra aux flammes tous ceux qui se trouvaient dans le burg, les meurtriers de Gunnar et d'Högni, revenus de Myrkwid, le sombre lieu du supplice. Les salles s'écroulèrent, la demeure antique des Budlungen fut consumée avec les vierges armées de boucliers, qui, jeunes encore, périrent dans les flammes.

Ce récit est terminé. Jamais plus, une autre femme ne portera ainsi le bouclier et ne vengera ses frères. Elle fit périr trois princes avant de succomber elle-même.

Tout cela est raconté avec plus de détails encore dans le chant groenlandais d'Atli.

LE CHANT D'ATLI

(ATLAMAL)

Le monde entier connaît la trahison, tramée jadis dans l'ombre par des guerriers qui ne ménagèrent point les serments pour atteindre leur but. Ils en furent les victimes, non moins que les fils de Giuki si odieusement trompés.

Un malheureux sort perdit ces princes. Atli, d'ordinaire bien avisé, se méprit cette fois. Il se fit du tort en provoquant la perte de ses proches. Il envoya des messagers rapides, afin de convier ses beaux-frères à se rendre près de lui. Sa femme, pleine de perspicacité, devina la ruse de son mari. Elle n'ignorait pas ce qu'il préparait secrètement. La sage princesse était tourmentée : elle voulait leur venir en aide. Les messagers devaient traverser la mer, et elle ne pouvait les accompagner.

Elle grava des runes, afin de les avertir. Mais avant de les remettre, Wingi les changea. Les envoyés d'Atli dirigèrent leurs vaisseaux à travers les bouches nombreuses de la rivière (1), vers la demeure des chefs intrépides.

On leur offrit la bière de l'hospitalité sur les bancs du foyer. Leur arrivée n'inspira aucun soupçon. Ils acceptèrent sans défiance les dons que leur envoyait Atli et les suspendirent aux colonnes de la salle.

La femme d'Högni, Kostbera aux regards perçants, se rendit auprès des messagers et leur souhaita la bienvenue. Glaumwör, la femme de Gunnar, se montra joyeuse de remplir ses devoirs, et veilla aux besoins de leurs hôtes.

Ils convièrent aussi Högni, le noble prince. S'il y avait pris garde, il aurait pu découvrir la ruse. Gunnar promit d'aller vers Atli si Högni y consentait. Mais Högni refusa, quoi que pût dire le roi.

Les vierges apportèrent de l'hydromel et des mets en abondance. Les cornes à boire circulèrent jusqu'à ce qu'on en eût assez.

Quand le moment fut venu, le roi et sa femme se retirèrent dans leur chambre. Kostbera était

---

(1) Il s'agit des bouches du Rhin que les envoyés d'Atli remontent pour se rendre au pays des Niflungen.

très fine et elle connaissait les runes. Elle examina les lettres à la lumière du foyer, mais elle devait encore se taire. Les runes lui parurent falsifiés et difficiles à lire.

Alors Högni se retira avec sa femme. Son épouse fidèle rêva. Quand elle s'éveilla, elle raconta tout exactement au chef.

— « Tu veux partir, Högni, prends garde. On est rarement trop prudent ; remets à une autre fois ce voyage.

« J'ai déchiffré les runes que Gudrun a gravés pour vous. La femme bien avisée ne vous conseille pas de vous rendre à cette invitation.

« Une chose me frappe, je ne puis comprendre ce qui a poussé cette sage princesse à tailler des runes si peu clairs. La reine a oublié une lettre ou d'autres en ont ajouté une.

HÖGNI.

— « Tu es trop défiante. Moi, je ne crains rien. Je ne veux point soupçonner de trahison avant que j'en aie la preuve. Le roi nous a donné en abondance de l'or rouge brillant comme du feu. Quand je verrais le péril, je ne reculerais point d'un pas.

KOSTBERA.

— « Si tu vas là-bas, tu cours de grands dangers. Ce n'est pas une réception amicale qui vous attend. Je ne veux point te le cacher, Högni, j'ai rêvé que cette expédition vous serait fatale. Serait-ce la crainte qui m'abuse ?

« J'ai vu le feu consumer les draps de ta couche. Les flammes s'élevaient et embrasaient ma demeure. »

HÖGNI.

« Il y avait ici des vêtements de lin auxquels tu ne prenais pas garde depuis longtemps. Ils sont très inflammables; tu les auras pris pour les draps de ma couche. »

KOSTBERA.

« J'ai vu entrer ici un ours qui, de ses griffes puissantes, brisait nos siéges. Nous gémissions à haute voix. Dans sa fureur, il nous atteignit. Nous ne remuions plus. Toute la maison retentissait du bruit. »

HÖGNI.

« Le vent se déchaînera sur nous. C'est la tempête que tu auras prise pour un ours blanc. »

KOSTBERA.

« J'ai vu un aigle voler dans toute la maison.

Nous étions couverts de sang. Cela nous portera malheur. Il semblait avoir la forme d'Atli. »

HÖGNI.

« Bientôt nous abattrons du bétail, alors le sang coulera. Quand on rêve d'aigles, cela signifie des bœufs qu'on doit abattre. Quels que soient les rêves, il est certain qu'Atli est notre allié fidèle. » — Ils ne parlèrent plus de cela : tout entretien doit finir.

Quand le roi et la reine s'éveillèrent, ils eurent un entretien semblable. Glaumwör rêva de mort, et elle s'efforça de détourner Gunnar de l'expédition projetée.

GLAUMWÖR.

« J'ai vu préparer le poteau auquel on allait t'attacher. Des serpents te dévoraient, et tu continuais à vivre ; puis tous périssaient. Que signifient ces songes ?

« Je voyais briller une épée ensanglantée qui perçait ta cuirasse. Il est dur de rapporter des choses semblables à son époux. Une lance meurtrière était enfoncée dans ton cœur. Des loups poussaient des hurlements sauvages à tes côtés.

« Je voyais courir des chiens qui aboyaient

effroyablement, et ces aboiements annoncent d'ordinaire des combats.

« Je voyais un torrent passer à travers notre demeure. Déchaîné, il se gonflait et s'élevait au dessus des bancs. Il vous brisait les pieds à vous et à votre frère. Rien n'arrêtait la fureur des eaux. Ce sont là de sinistres présages.

« Je voyais ici des femmes mortes errer pendant la nuit. Elles étaient richement vêtues et elles voulaient t'emmener avec elles. Les divinités qui te gardent t'abandonnent, je le crains. »

GUNNAR.

« Ce que tu dis vient trop tard. Nous ne craignons pas de faire le voyage auquel nous nous sommes engagés. Bien des choses, il est vrai, présagent que nous ne vivrons pas longtemps. »

Quand le jour fut venu, ils se préparèrent activement au départ, quoique les femmes voulussent les retenir. Cinq seulement partirent, et autant de gens de leur suite. C'était une funeste résolution. Sawar et Solar, les fils d'Högni, et Orkning, le cinquième, partaient avec les princes. C'était le beau-frère d'Högni, et le guerrier portait joyeusement son bouclier.

Les femmes les suivirent jusqu'au bras de mer qui devait les séparer de leurs époux. Elles tentèrent encore de les arrêter, mais on ne les écouta pas.

Alors Glaumwör, la femme de Gunnar, se tournant vers Wingi, lui adressa ces mots : « Je ne sais comment tu nous récompenseras de notre bon accueil, mais s'il arrive quelque malheur, tu auras été un hôte bien perfide. »

Wingi prodigua les serments : il était impatient de partir : « Que les Joten l'emportent, s'il vous trompe; qu'il soit pendu à un poteau, s'il abuse de votre confiance.

Kostbera, au cœur pur, parla à son tour : « Voguez en paix, et que la victoire vous accompagne. Puisse nul ne vous attaquer et tout se passer ainsi que je le désire. »

Högni adressa ses vœux à tous les siens : « Quoi qu'il arrive, soyez prudents et tranquilles. » Bien des paroles furent encore échangées, mais peu d'entre eux se préoccupaient des suites de ce voyage.

Ils se regardèrent affectueusement jusqu'au moment du départ; chaque troupe suivit une route opposée. Ainsi le voulait le destin.

Ils ramèrent si vigoureusement, que la barque en fut presque brisée. Ils se penchaient énergiquement en arrière pour donner de forts coups de rames. Sous l'effort, les rames se brisèrent et leurs appuis également. Quand ils prirent terre, ils négligèrent d'attacher leur embarcation.

Bientôt après — j'abrége ce récit — ils virent s'élever le burg que Budli avait possédé. Les portes de fer résonnèrent bruyamment quand Högni y frappa.

Wingi dit alors ces mots qu'il aurait mieux fait de ne point dire : « Éloignez-vous de cette demeure. Si vous y entrez, vous serez en péril. Vous vous êtes jetés bien promptement dans le piége et bientôt on vous tuera. Je vous ai invités de bonne amitié, mais c'était pour vous tromper. »

Högni, qui ne songeait pas à reculer, répondit, — il n'avait jamais peur de combattre : — « C'est en vain que tu essaies de nous effrayer : tu n'y réussiras pas. Si tu dis encore un mot, tu t'en ressentiras longtemps. »

Ils frappèrent Wingi et le firent mourir. Ils l'abattirent à coups de hache, et il expira.

Atli et ses fidèles s'armèrent, et quand ils eurent saisi leurs armes, ils se précipitèrent vers les murs d'enceinte. Des paroles de haine et de défi furent échangées : — « Depuis longtemps déjà, je me suis promis de vous enlever la vie. »

HÖGNI.

« Nous ne nous apercevons guère de ce que

vous avez projeté. Nous vous trouvons peu préparés à nous recevoir, et nous avons déjà abattu et tué un des vôtres. » — Ceux qui entendirent ces paroles devinrent furieux. Ils saisirent leurs arcs, et, se couvrant de leurs boucliers, lancèrent leurs flèches acérées.

Ceux qui étaient à l'intérieur s'aperçurent de ce qui se passait dehors, en entendant les provocations des hommes d'armes. La fureur s'empara de Gudrun quand elle connut la trahison. Elle arracha de son cou les joyaux qui l'ornaient. Elle jeta à terre ses ornements d'argent avec tant de violence, que les anneaux se brisèrent.

Elle ouvrit hardiment la porte et sortit. Elle s'avança sans crainte, et, prenant les Niflungen dans ses bras, elle les baisa. Ce fut pour la dernière fois. Leur ayant montré ainsi son affection, elle leur adressa ces paroles : « Je vous avais envoyé des runes pour vous empêcher de vous rendre ici, mais nul ne peut résister au destin ; vous deviez venir. Elle essaya d'intervenir en adressant à tous des paroles de paix ; mais nul ne voulut l'écouter, tous s'écrièrent : « Non ! »

La noble femme vit alors commencer ce rude combat. Sans hésiter un instant, elle rejeta ses vêtements en arrière et tira son épée pour défendre ses proches. Elle se conduisit bien dans la mêlée partout où elle porta ses coups.

La fille de Giuki tua deux combattants. Elle frappa le frère d'Atli d'un coup qui l'obligea à se faire enlever par ses hommes. Elle se battit avec lui jusqu'à ce qu'elle lui eût abattu un pied. Elle enleva à l'autre frère le désir de se relever jamais. Elle l'envoya dans l'empire de Hel : ses mains ne tremblaient pas.

Le choc fut terrible. Nos chants en parlent encore. Mais les exploits des Giukungen surpassèrent tout. Tant qu'ils conservèrent la vie, ces braves Niflungen, on vit sans cesse retomber leurs épées et leurs cuirasses lancer des éclairs. Ils fendaient les casques et leurs cœurs s'en réjouissaient.

Ils se défendirent depuis le matin jusque dans l'après-midi, depuis l'aurore jusqu'à l'approche de la nuit. Avant que le combat prit fin, le sang coula sur le sol en ruisseaux. Dix-huit des assaillants succombèrent. Les deux fils de Kostbera et son frère survécurent.

Atli, dans sa fureur, prit la parole : « J'ai devant les yeux un horrible spectacle et vous en êtes la cause. Nous étions ici trente braves guerriers, et maintenant il n'en reste que onze. La perte est trop cruelle. Nous étions cinq frères à la mort de Budli ; Hel en tenait deux déjà, et j'en vois deux massacrés devant moi.

« J'avais de vaillants beaux-frères, je ne puis le nier. Femme cruelle, tu m'as procuré peu de joie ! Depuis que je t'ai épousée, je n'ai guère eu de moments heureux ! Tu m'as trahi, tu m'as privé de mes amis, et tu as fait périr ma sœur (1). Voilà ce qui m'afflige le plus. »

GUDRUN.

« Souviens-toi, Atli, que c'est toi qui a commencé la guerre. Tu as tué ma mère pour avoir ses trésors. La noble femme enfermée dans une caverne y mourut de faim.

« Il est vraiment plaisant de t'entendre te plaindre. Avec l'aide des dieux, nous te ferons périr. »

ATLI.

« Allons, mes hommes, augmentons encore les douleurs de cette femme orgueilleuse ; à cette vue, je me réjouirai. Combattez de toutes vos forces, afin que Gudrun gémisse. Oh ! je voudrais la voir, le cœur brisé et pleurant sur sa destinée.

« Emparez-vous de Högni ; avec un couteau fendez-lui la poitrine et arrachez-lui le cœur.

---

(1) Brynhild dont il impute la mort à Gudrun.

Hâtez-vous, mes hommes! Attachez solidement le vaillant Gunnar à un poteau; serrez les cordes et faites approcher les serpents. »

HÖGNI.

« Faites ce que vous voudrez, je vous attends sans crainte. Je ne faiblirai pas, car j'ai passé par de plus dures épreuves. Si nous étions sans blessures, nous vous tiendrions tête. Maintenant que nous sommes blessés, vous êtes les maîtres. »

Reiti, le gardien du burg d'Atli, prit la parole : « Saisissons Hiali et épargnons Högni. Il suffira de faire la chose ainsi. Il mérite une telle fin, car vécût-il plus longtemps, il n'en resterait pas moins lâche toute sa vie. »

Le chef des cuisines n'osa résister. Il gémit, pleura et se cacha dans tous les coins. Cette attaque lui était dure, car il périssait innocent. Ce fut un triste jour pour lui; il revenait d'avoir donné leur nourriture aux porcs, et il regrettait la vie.

Ils saisirent les armes de Budli et aiguisèrent la lame. Le malheureux se mit à crier avant d'en avoir senti la pointe aiguë. Il était encore capable de fumer la terre et il aurait été heureux d'exécuter les derniers travaux, pourvu qu'on lui laissât la vie.

Högni se hâta de demander grâce pour l'infortuné. Vit-on jamais rien de tel? Il demanda qu'on l'épargnât. « Je suis mieux préparé que lui à jouer un semblable jeu, s'écria-t il. Qui pourrait supporter d'entendre des cris pareils? »

Ils s'emparèrent du héros intrépide. Il n'y avait plus moyen pour eux de retarder l'exécution des ordres du roi. Högni se mit à rire bruyamment. On put voir avec quel courage il savait supporter la douleur.

Gunnar prit la guitare, et il en joua avec ses doigts de pied si merveilleusement, que les femmes en pleurèrent, et que les guerriers, qui entendirent ces sons se prirent à gémir. Il donna ses derniers conseils à la reine sa sœur. Les poutres se fendirent à ses chants.

Les guerriers moururent à l'heure où les étoiles pâlissent. Mais le renom de leur bravoure leur survécut.

Atli s'enorgueillit de sa victoire. Il triompha de la mort des deux victimes, et adressa à sa femme des paroles de menace et de défi. — « Voilà le matin venu, Gudrun, et tu n'as plus tes frères chéris : c'est ta faute, s'ils ont péri. »

GUDRUN.

« Tu te réjouis, Atli, de m'annoncer leur mort.

Mais si tu pouvais tout prévoir, tu regretterais le passé. Tu tiens maintenant l'héritage qu'ils t'ont laissé. Une éternelle douleur est ton lot. Bientôt je mourrai aussi. »

ATLI.

« Je te détournerai de cette extrémité. Je te donnerai un meilleur conseil. Souvent nous négligeons ce qui peut nous rendre heureux. Je te consolerai en te donnant des jeunes filles, des ornements d'or et de l'argent blanc comme neige, à ton choix. »

GUDRUN.

« Ne crois pas m'apaiser. Je méprise tes dons. Quand tu m'aurais fait moins de mal, je n'en refuserais pas moins la composition. On a dit que j'avais l'âme cruelle, et maintenant cela est vrai. Tant qu'Högni a vécu, j'ai contenu ma fureur.

« Nous fûmes élevés dans la même demeure. Que de fois nous jouâmes ensemble dans les bois ! Grimhild nous donnait de l'or et des colliers. Tu ne saurais m'offrir de composition pour la mort de mes frères. Ce que tu fais ou ne fais pas, m'est également odieux.

« Cependant la volonté de la femme doit céder à la puissance de l'homme. Le bourgeon tombe quand la branche se dessèche ; l'arbre périt quand les racines sont coupées. Toi seul, Atli, es le maître. »

Avec une imprudence sans égale, Atli se fia à elle. S'il y avait pris garde, il aurait vu la ruse. Gudrun était rusée ; elle cacha ses desseins. Elle parut indifférente, mais elle avait deux visages.

En l'honneur de ses frères, elle fit préparer un festin et de coûteuses boissons. Atli voulut aussi honorer ses morts.

Ils cessèrent leur entretien pour préparer la fête. Le festin fut somptueux ; tout y était servi à profusion. La descendante de Budli était remplie d'orgueil. Elle songeait à se venger cruellement de son époux.

Elle attira doucement les enfants à elle et les fit asseoir sur le banc. Ils s'effrayèrent, mais ne pleurèrent point.

— « Sur le sein de notre mère, pourquoi devons-nous venir tous deux ? »

— « Dois-je le dire : Je veux vous tuer ; il y a longtemps déjà que je désire vous enlever la vie. »

— « Tue donc tes fils, personne ne peut nous défendre. Mais si tu nous fais périr ainsi, nous qui jouissons à peine de nos jeunes années, tu en porteras la peine. » La femme cruelle exécuta son projet : elle leur trancha la tête à tous deux.

Atli demanda à différentes reprises si ses enfants étaient à jouer : il ne voyait aucun des deux.

GUDRUN.

— « J'accours vers toi, Atli, pour te répondre. La fille de Grimhild ne te cachera point ce qu'elle a fait. Quand tu sauras tout, tu ne seras point satisfait. Mais toi, aussi, tu m'as causé de grandes peines; tu as tué mes frères.

« Depuis qu'ils ont succombé, je n'ai pas eu un instant de calme et de repos. Je t'ai promis de me venger cruellement, t'en souviens-tu ? C'était le matin, je ne l'ai pas oublié. Et maintenant, voici le soir venu, et je t'annonce la même chose.

« Tu as perdu tes enfants comme tu ne l'aurais jamais rêvé. Vois ces coupes à boire, ce sont leurs crânes. Je t'y ai apporté leur sang rouge pour t'en désaltérer.

« Leurs cœurs, mis à la broche, ont été rôtis. Je te les ai servis comme des cœurs de veau, pour que tu t'en nourrisses. Tu n'as mangé que de cela, et tu n'en as rien laissé. Tu les as dévorés avec des dents avides.

« Tu connais maintenant le sort de tes enfants. Y en a-t-il de plus affreux ? J'ai rempli ma destinée et je ne l'ai pas trouvée joyeuse ! »

ATLI.

« Tu fus cruelle, Gudrun, quand tu commis ce forfait, de mêler le sang de tes enfants dans la coupe que tu m'offris. Tu as égorgé tes fils comme jamais tu n'aurais dû songer à le faire. Au milieu de tous mes malheurs, tu m'enlèves encore toute consolation. »

GUDRUN.

« Oh! ce serait pour moi une volupté de t'égorger toi-même. On ne saurait assez punir un prince qui agit comme toi. Tu as accompli un forfait sans exemple; le monde n'a jamais vu crime plus odieux. Tu as ajouté aujourd'hui un crime nouveau à tous les autres, en prenant part au repas de tes propres funérailles. »

ATLI.

« Tu seras d'abord tuée à coups de pierres, puis brûlée sur un bûcher. Ainsi tu auras le sort que tu as toujours désrié. »

GUDRUN.

« Fais en sorte que tu évites toi-même demain une fin pareille. Une belle mort me conduira dans une autre vie. »

Ils habitaient la même demeure : ils se lançaient des regards de colère et des paroles de haine. Aucun des deux ne connut plus la joie.

La fureur s'éveilla au cœur de Hniflung (1); il songea à la vengeance. Il alla dire à Gudrun qu'il haïssait Atli. L'affreuse mort d'Högni ne lui sortait pas de l'esprit. Elle lui répondit qu'il serait heureux, s'il parvenait à la venger. Peu de temps après, Atli était tué. Le fils d'Högni le tua avec le secours de Gudrun.

Le guerrier rapide s'éveilla : il sentit qu'il était blessé ; mais il ne demanda point qu'on vînt à son aide. « Qui a frappé le fils de Budli? Dis-moi la vérité. Il ne m'a pas blessé légèrement ; ma vie s'en va. »

GUDRUN.

« Il ne sied pas à la fille de Grimhild de te tromper. C'est moi qui suis cause de ta mort, et c'est le fils d'Högni qui t'a fait les blessures d'où s'écoule ton sang. »

ATLI.

« C'est une fureur contre nature qui t'a poussée

(1) Hniflung semble être un fils de Högni, qui aurait déjà habité la cour d'Atli avant l'arrivée de son père.

à commettre ce meurtre. C'est le comble de la fausseté de trahir l'ami qui se fie en vous.

« Insensé, je quittai ma demeure pour obtenir ta main, épouse délaissée, au cœur sauvage, ainsi qu'on t'appelait, et c'était la vérité, tu l'as bien prouvé. Nous t'amenâmes ici avec une suite nombreuse. Tout était magnifique dans notre cortége des fiançailles.

« De riches convives étalaient leur opulence. De nombreux troupeaux servirent à nous nourrir. Tout était en abondance et à profusion.

« Je te donnai en présent beaucoup d'or, trois fois dix serviteurs et sept belles servantes. C'était un superbe cadeau, et j'y ajoutai encore bien plus d'argent.

« Tu pris tout cela comme si c'eût été rien, et tu voulais avoir le pays que Budli me laissa. Tu me tendis des embûches et je n'obtins jamais rien de ton héritage. Bien souvent tu fis verser des larmes à ceux qui t'entouraient. Notre union a toujours été malheureuse. »

GUDRUN.

« Tu mens, Atli, mais je m'en console sans peine. Je n'ai jamais été douce, c'est vrai, mais c'est toi qui as semé la discorde. Tu as combattu d'une manière odieuse contre tes jeunes frères. La moitié de ta maison descendit vers Hel. Tu as anéanti tout ce qui aurait pu te rendre heureux.

« Nous étions trois, mes frères et moi, et nous paraissions invincibles. Nous suivîmes Sigurd sur les flots. Chacun de nous dirigeait son navire vers une terre, située à l'orient : l'expédition était pleine de périls.

« Nous tuâmes un roi : sa terre nous appartint. Ses hommes nous firent hommage, nous étions les maîtres. Nous appelâmes les bannis hors des bois, et nous donnâmes le pouvoir à ceux qui, auparavant, étaient réduits à la misère.

« Sigurd, le guerrier Hiune, succomba, et mon bonheur finit avec lui. Mon infortune était grande, d'être si jeune encore privée de mon époux. Mais ce fut pour moi un plus grand malheur encore de venir dans la maison d'Atli. Il était dur pour moi, la veuve d'un héros, de ne plus le voir.

« Toi, jamais, tu n'es revenu d'un combat, après avoir vaincu ton ennemi et remporté la victoire. Toujours tu voulais reculer et jamais te défendre. Il est vrai que tu cachais ta lâcheté. Mais elle n'en était pas moins un déshonneur pour toi. »

ATLI.

« Maintenant, Gudrun, tu mens ! Et cela

n'adoucit pas ton sort ni le mien. Nous avons tout perdu. Seulement, Gudrun, que ta bonté ne me refuse pas les derniers honneurs à mes funérailles. »

GUDRUN.

« J'achèterai un navire et un cercueil de pierre. J'enduirai de cire le linceul qui t'enveloppera. Je veillerai sur tout, comme si nous nous aimions. »

Atli mourut et ses fidèles gémirent. La reine remplit fidèlement toutes ses promesses. Alors Gudrun songea à s'ôter la vie. Mais elle devait la conserver encore, et périr d'une mort différente.

Depuis lors, on appelle heureux l'homme à qui il est donné d'avoir une fille aussi brave que celle de Giuki.

Dans tous les pays où il y aura des hommes pour en écouter le récit, vivra le souvenir de la lutte de ces proches parents.

GUDRUN SAUVÉE DES EAUX

(GUDBRUNARHVÖT)

Après que Gudrun eut tué Atli, elle se dirigea vers la mer. Elle se jeta dans la mer pour s'ôter la vie, mais elle surnagea. Les flots la portèrent au delà du détroit, au pays du roi Jonakur qui la prit pour épouse. Ses fils furent Sœrli, Erp et Hamdir. Elle éleva auprès d'elle Swanhilde, la fille de Sigurd qui fut donnée en mariage au puissant roi Jörmunrek (1). Près de lui était Biki. Biki conseilla à Randwer, fils du roi, d'épouser Swanhilde, puis il révéla ce projet au roi. Celui-ci fit pendre Randwer et écraser Swanhilde par des chevaux. Quand Gudrun apprit cela, elle parla à ses fils.

Jamais on n'entendit paroles aussi amères,

(1) Jörmunrek est le roi goth Airmanarecks ou Ermanrich. Ce chant-ci, plus récent que les précédents, a pour but de relier la saga franque des Niflungen à la saga gothique. Nous le donnons encore ici, parce que Gudrun rappelle les principaux événements de sa vie et résume les épisodes de la saga de Sigurd.

inspirées par une mortelle douleur, que celles qu'adressa la vindicative Gudrun à ses fils, pour les exciter à la vengeance.

« Quoi ! Vous êtes assis là paisiblement ? Votre vie va-t-elle donc se passer à dormir ? Comment un joyeux entretien peut-il encore vous charmer, après que Jörmunrek a fait écraser cette belle jeune fille, votre sœur, sur le grand chemin, par des chevaux goths blancs, noirs et gris, coursiers aux allures rapides ?

« Vous ne ressemblez guère à Gunnar et à sa race ; vous n'avez point le cœur vaillant qu'avait Högni. Vous n'hésiteriez pas à la venger, si vous aviez autant de courage que mes frères jadis, que ces chefs huns à l'âme intrépide ? »

Hamdir, au cœur fier, lui répondit : « Tu étais moins disposée à vanter Högni quand il tira Sigurd de son sommeil. Les draps de ton lit, si blancs et si bien tissés, étaient rougis du sang de ton époux et tout couverts des traces du meurtre.

« Tu t'es trop hâtée de venger tes frères en égorgeant tes fils d'une âme cruelle. Nous pourrons bien venger sur Jörmunrek la mort de notre sœur, si nous restons unis.

« Mais puisque tu nous excites au combat, va nous chercher les armes des rois huns. »

Comme Gudrun se rendit joyeusement à la salle

d'armes pour y choisir des heaumes dignes d'un roi, et de fortes cottes de mailles qu'elle apporta à ses fils! Ces braves guerriers montèrent sur leurs coursiers.

Hamdir, au cœur vaillant, prit la parole : « Nous succomberons parmi les Goths, et nous ne reviendrons plus pour voir notre mère avant que tu prépares le festin des funérailles, en même temps pour Swanhilde et pour tes fils. »

Gudrun, la fille de Giuki, alla s'asseoir à l'écart accablée de tristesse. La malheureuse femme rappelait toutes les infortunes de ceux qu'elle avait aimés.

« J'ai eu trois maisons, j'ai eu trois foyers, j'ai été conduite dans la demeure de trois époux. Sigur est celui que j'ai le plus aimé, et mes frères l'ont tué.

« Je ne puis assez pleurer mon malheur. Mais ces chefs m'affligèrent encore plus quand ils m'accordèrent à Atli.

« J'attirai près de moi mes courageux enfants. Rien ne pouvait adoucir ma peine avant que j'eusse coupé la tête de ces jeunes Niflungen (1).

---

(1) Ces jeunes Niflungen sont les enfants qu'elle avait eus d'Atli, et qu'elle tua pour venger le meurtre de ses frères.

« Je me dirigeai vers le rivage ; j'étais irritée contre les Nornes qui président à la vie ; je voulais échapper à la haine et finir mon existence dans les flots. Mais les vagues ne m'engloutirent pas ; elles me portèrent, et j'abordai à la rive pour vivre encore longtemps.

« Pour la troisième fois épouse d'un roi, j'espérais un sort meilleur. J'eus des enfants ; pour défendre mon héritage, j'eus des fils de Jonakur.

« Des vierges étaient assises à l'entour de Swanhilde. Parmi mes enfants, je n'en aimais aucun aussi tendrement qu'elle. Swanhilde était dans mes appartements comme un rayon de soleil qui réjouit les sens.

« Je la parai d'ornements d'or et de beaux vêtements, avant de la donner aux Goths. Oh ! j'ai éprouvé la plus affreuse douleur, quand des chevaux fougueux ont foulé aux pieds, dans la poussière, les belles boucles blondes de Swanhilde.

« Ce qui m'a été le plus dur, c'est quand ils tuèrent Sigurd le victorieux sur ma couche, et ce qui m'a été le plus amer, c'est quand des serpents venimeux rongèrent le cœur de Gunnar. Mais ce qui m'a fait éprouver la plus vive douleur, c'est quand ils ouvrirent la poitrine d'Högni lui vivant.

« Toutes ces douleurs, tous ces malheurs me

reviennent à l'esprit. N'attends pas plus longtemps, Sigurd, conduis-ici le noir coursier du sombre royaume. Plus jamais ne reviendra ici ma fille, à qui je donnai des parures d'or.

« Rappelle-toi, Sigurd, nos entretiens quand nous restions assis sur notre couche. O vaillant, viens ici du fond des demeures de Hel pour me prendre avec toi.

« Et vous, nobles Jarls, dressez sous le ciel un grand bûcher de troncs de chêne. Que la flamme consume ma poitrine accablée d'afflictions. Que le feu anéantisse ce cœur que la souffrance accable.

« Les hommes sentiront leur âme s'adoucir et les femmes leurs peines diminuer, quand ils entendront jusqu'à la fin le chant de mes douleurs (1). »

(1) Nous ne donnons pas ici le *Chant de Hamdir (Hamdismal)*, le dernier des chants héroïques de l'*Edda*, parce qu'il se rapporte à la saga gothique d'Ermanrich, et non à la saga franque de Sigurd.

LE CHANT DE HARPE DE GUNNAR (1)

Il arriva que Gunnar, fils de Giuki, attendait la mort dans la tour de Grabak, le serpent. Les pieds du noble chef étaient libres, mais ses mains étaient attachées par de fortes entraves.

On donna une harpe au héros victorieux dans les combats. Il révéla son talent en jouant avec les doigts de ses pieds. Il fit résonner admirable-

---

(1) Ce chant ne se trouvait point dans le manuscrit de l'*Edda*. Il a été découvert en Islande par Gudmund Magnussen, en 1780. Le style, les pensées, la langue semblent trahir une origine plus récente que les poésies eddiques. On soupçonne qu'un pasteur islandais, très versé dans l'ancienne littérature, Gunnar Paulsen, en est l'auteur. Cependant un certain nombre d'écrivains défendent encore l'authenticité de ce chant, et comme le débat n'est pas encore tranché, nous croyons devoir donner ici la traduction du *Chant de Gunnar*.

ment les cordes de la harpe. Nul ne savait en jouer aussi bien que le roi.

Voici le chant que chanta Gunnar. La harpe parla comme une voix humaine. Le chant était aussi doux que celui du cygne, et la tour aux serpents résonna aux sons des cordes d'or.

« J'ai vu ma sœur malheureusement mariée à celui qui haïssait les Niflungen. Atli invita ses deux beaux-frères, Högni et Gunnar, à une fête, afin de les tuer tous deux.

« Au lieu de coupes pleines, ils trouvèrent la guerre, et, au lieu de festins joyeux, une lutte mortelle. Aussi longtemps qu'il y aura des hommes, ils diront : Jamais on ne vit trahison aussi perfide envers des amis.

« Pourquoi, Atli, tant de colère? Brynhild s'est donné la mort; elle-même a peut-être fait périr Sigurd. Est-ce une raison pour faire verser des larmes à Gudrun ?

« Du haut d'un arbre élevé, un corbeau nous avertit de notre perte, quand notre beau-frère succomba. Brynhild, la fille de Budli, m'annonça aussi qu'Atli nous trahirait. »

Glaumwör ne l'ignorait pas non plus, lors de la dernière nuit où nous partageâmes la même couche. Des songes affreux épouvantèrent ma femme: « Ne pars pas, Gunnar, Atli est un traître.

« J'ai vu ta lance rougie de sang, et le fils de
« Giuki préparer une potence. Les vierges d'Odin,
« les Dises t'appellent. Méfie-toi, ton beau-frère
« veut te trahir. »

« Kostbera, l'épouse d'Högni, déchiffra aussi
les runes et comprit les avertissements des songes.
Mais le cœur des héros était intrépide, et aucun
des deux ne trembla à l'idée d'une mort terrible.

« Le terme de notre existence à nous, fils de
Giuki, a été réglé par les Nornes, d'après la volonté d'Odin. Personne ne peut résister au destin,
ni abandonné du sort avoir confiance en lui.

« Je me réjouis, Atli, que tu sois forcé de
quitter les anneaux d'or rouge que Reidmar
possédait. Depuis que tu as fait couper le cœur
d'Högni hors de sa poitrine, je sais seul où ils
sont cachés.

« Je me réjouis, Atli, qu'Högni se soit mis à rire
quand vos Huns lui arrachèrent le cœur. Le Niflung ne gémit point quand on lui enfonça le
couteau dans la poitrine. Il ne remua pas la paupière au milieu de ses atroces souffrances.

« Je me réjouis, Atli, de ce que tu as perdu,
sous les coups de nos épées, tant de tes hommes
et les plus vaillants, avant d'arriver à ton but.
Notre vaillante sœur a tué ton frère.

« Jamais Gunnar, fils de Giuki, ne proférera

une parole de crainte dans la caverne de Graftwinir, dans le tombeau, et ce n'est pas en hésitant qu'il s'approchera d'Odin, père des armées. Depuis longtemps, le chef est habitué à souffrir.

« Avant que Gunnar perde sa tranquillité d'âme, Goïn, la vipère, m'aura percé le cœur, Nidhoggr m'aura rongé les reins, et Linn et Langbakr m'auront dévoré le foie.

« Mais Gudrun se vengera cruellement de la trahison qu'Atli a exercée à notre égard. Elle t'apportera, ô roi, les cœurs de tes fils rôtis pour ton festin du soir. Tu boiras ton hydromel mêlé à leur sang dans des coupes faites de leurs crânes. Mais ta douleur sera encore plus amère, quand Gudrun te reprochera ta lâcheté et ta cruauté.

« Ta vie ne durera pas longtemps après notre mort. Ta trahison envers tes beaux-frères te portera malheur. Tu mérites bien que notre sœur, accablée de maux, te fasse payer chèrement ton manque de foi.

Gudrun te percera la poitrine d'une lance et Niflung se tiendra à côté d'elle. De grandes flammes entoureront ta demeure, et sur Nastrand, le rivage des morts, Nidhoggr te rongera.

« Déjà le serpent Grabak s'est endormi, ainsi que Graftwinir, Goïn, Moin et Grafwöllud, Ofnir et Swafnir, tous gonflés de poison ; Nadr et Nidhoggr, Hring et Höggward et toutes les vipères se sont endormies aux sons de la harpe.

« Seule, la mère d'Atli veille encore. Elle me perce le cœur au fond de la poitrine, elle me ronge le foie, elle me dévore les poumons, elle n'épargne pas la vie du roi.

« Tais-toi, harpe sonore, je dois partir pour aller habiter désormais le vaste Walhalla, boire l'hydromel sacré avec les dieux, et manger du sanglier Sährimnir aux festins d'Odin.

« Le chant de harpe de Gunnar est terminé. Ma voix vous a charmé pour la dernière fois. A l'avenir jamais aucun prince ne fera résonner ainsi sous les doigts de ses pieds les cordes de la harpe. »

LA SAGE DES NIBELUNGEN

DANS L'EDDA DE SNORRI

LA SAGE DES NIBELUNGEN

DANS L'EDDA DE SNORRI

On raconte que trois des Ases, Odhin, Loki et Honir se mirent en route pour visiter le monde. Ils arrivèrent à une rivière, dont ils suivirent les bords jusqu'à une cascade, où une loutre ayant pris un saumon, le dévorait joyeusement. Loki prit une pierre et la jeta sur la loutre, qu'il atteignit à la tête. Loki était fier de sa chasse, parce qu'il avait abattu d'un coup une loutre et un saumon. Et ils emportèrent le saumon et la loutre. Ils parvinrent à une grande ferme, et le cultivateur qui l'habitait s'appelait Hreidmar, et c'était un homme prodigieusement fort et connaissant bien tous les sortiléges. Les Ases lui demandèrent la permission de passer la nuit chez lui, et ils lui dirent qu'ils avaient des provisions, et ils lui montrèrent le produit de leur chasse. Quand Hreidmar vit la loutre, il appela ses fils Fafnir et Regin, pour leur dire que leur frère Otr avait été tué, et il leur indiqua ceux qui avaient fait le coup. Alors le père et ses deux fils se jetèrent sur les Ases, les saisirent, les lièrent et leur apprirent que la loutre était le fils de Hreidmar. Les Ases offrirent comme composition autant d'or que Hreidmar en pouvait désirer, et l'accord fut scellé par des serments réciproques. On écorcha la loutre, et Hreidmar ayant pris la peau, dit qu'il fallait la remplir d'or rouge, puis la recouvrir aussi d'or extérieurement, et qu'ainsi ils achèteraient la paix.

Odhin envoya Loki à Schwarzalfenheim. Celui-ci se rendit auprès du nain Andwari, qui nageait dans l'eau sous forme de poisson. Loki le saisit, le retint et lui demanda pour rançon tout l'or qu'il possédait dans ses rochers, et c'était un immense trésor.

Le nain cacha sous sa main un petit anneau d'or; mais Loki le vit et lui ordonna de donner aussi l'anneau. Le nain demanda de pouvoir garder cet anneau, parce que, par son moyen, il pourrait de nouveau augmenter son trésor. Mais Loki répondit qu'il ne lui laisserait rien, et, lui prenant l'anneau, il s'en alla. Alors le nain dit que quiconque posséderait cet anneau, le paierait de sa vie. Loki reprit qu'il pouvait en advenir ainsi qu'il le disait, mais que ce serait l'affaire de celui qui posséderait l'anneau à l'avenir.

Il retourna vers la demeure de Hreidmar et montra l'or à Odhin, et quand Odhin vit l'anneau, il le trouva beau. Il s'en empara et donna tout le reste à Hreidmar. Il remplit la peau de la loutre aussi bien qu'il le put, et quand elle fut pleine d'or, il la dressa. Puis il se mit à la recouvrir d'or jusqu'à ce qu'elle fût cachée. Quand cela fut fait, il dit à Hreidmar de voir si la peau était complétement couverte.

Hreidmar s'approcha, examina tout avec grande attention, et aperçut un poil de la barbe. Il exigea qu'il fût aussi caché, que sinon le traité serait rompu.

Odhin prit l'anneau, en couvrit le poil et dit qu'ainsi il avait payé sa composition pour la mort de la loutre.

Et quand Odhin eut pris sa lance et Loki ses chaussures, et qu'ils n'avaient plus rien à craindre, Loki dit que la prédiction d'Andwari s'accomplirait, et que cet or coûterait la vie à tous ceux qui en deviendraient les maîtres. Et cela arriva ainsi. C'est pourquoi l'or s'appelle la composition de la loutre et la rançon des Ases.

Quand Hreidmar eut reçu cet or comme composition pour le meurtre de son fils, Fafnir et Regin en réclamèrent une part comme composition pour la mort de leur frère, mais Hreidmar ne leur en céda pas pour un denier.

Alors les deux frères s'entendirent pour tuer leur père, à cause de l'or. Quand cela fut fait, Regin demanda que Fafnir lui remît la moitié du trésor. Fafnir répondit qu'il ne devait pas espérer qu'il partageât l'or avec lui, attendu qu'il avait tué son père pour le posséder et qu'il n'avait qu'à s'éloigner, s'il ne voulait point partager le sort de Hreidmar.

Fafnir avait pris l'épée Hrotti et le casque que Hreidmar avait possédé, et l'avait posé sur sa tête. Ce casque s'appelait OEgirshelm, et il inspirait l'épouvante à tous les humains. Regin avait pris l'épée qui s'appelait Resil, et il s'enfuit en l'emportant.

Fafnir se dirigea vers la Gnitaheide, s'y fit une couche, prit la forme d'un dragon et s'étendit sur l'or.

Regin se rendit auprès du roi Hialprek et devint son forgeron. Il se chargea aussi de l'éducation de Sigurd, fils de Sigmund, fils de Wolfung. Sa mère était Hiordis, fille du roi Eilimis. Sigurd était le plus fort de tous les rois conducteurs d'armée par sa race, par sa force et par son intelligence.

Regin lui raconta que Fafnir était couché sur son or et l'excita à s'en rendre maître.

Alors Regin forgea une épée qui s'appelait Gram et qui était si acérée, que quand Sigurd la tenait dans une rivière, elle coupait un flocon de laine que le courant apportait contre son tranchant. Puis, avec cette arme, Sigurd fendit jusqu'en bas l'enclume de Regin.

Sigurd se rendit donc avec Regin sur la bruyère, sur la Gnitaheide. Et Sigurd se creusa une fosse sur le chemin que suivait Fafnir et s'y cacha. Quand Fafnir se dirigea vers l'eau en rampant, il passa sur la fosse, Sigurd le transperça de son épée et ainsi le tua.

Regin s'approcha alors et dit à Sigurd qu'il avait tué son frère, et qu'il exigeait comme composition qu'il enlevât le cœur de Fafnir et qu'il le fît rôtir au feu. Puis, se courbant jusqu'à terre, Regin but le sang de Fafnir et se coucha pour dormir. Tandis que Sigurd faisait rôtir le cœur, il crut qu'il était cuit à point, et il voulut s'en assurer avec le doigt; mais la graisse qui sortait du cœur s'attacha à son doigt et le brûla, de sorte qu'il le mit dans la bouche. Et lorsque le sang du cœur toucha sa langue, il comprit aussitôt le langage des oiseaux, et il entendit ce que disaient les aigles assis sur les branches. Le premier disait :

> « Voilà Sigurd tout couvert de sang,
> « Et il fait rôtir au feu le cœur de Fafnir.
> « Ce briseur de cottes de mailles me paraîtrait sage
> « S'il mangeait cette chair, de vie étincelante. »

Et l'autre disait :

> « Voilà Regin couché là-bas, et il songe
> « Comment il trompera le héros qui se confie en lui.
> « Son esprit méchant cherche de fausses accusations ;
> « Ce forgeron de malheur pense à venger son frère. »

Alors Sigurd se dirigea vers Regin et le tua. Puis il monta sur son cheval, qui s'appelait Grani, et le conduisit à la couche de Fafnir, où il prit son or, dont il fit deux ballots qu'il attacha sur le dos de Grani. Et montant lui-même en selle, il poursuivit son chemin. C'est pourquoi on appelle l'or la couche de Fafnir, la poussière de Gnita-heide et le fardeau de Grani.

Et Sigurd chevaucha jusqu'à ce qu'il arrivât à une habitation située au haut d'une montagne. Il s'y trouvait une femme endormie, revêtue d'une cotte de mailles et d'un heaume. Il tira son épée et fendit la cotte de mailles : elle s'éveilla et dit qu'elle s'appelait Hilde. Son nom était Brunhilde et c'était une Walkyrie.

Sigurd s'en alla chevauchant et arriva auprès d'un roi qui s'appelait Giuki. Sa femme avait nom Grimhild. Ses enfants étaient Gunnar, Högni, Gudrun et Gudny. Gutthorm était le beau-fils de Giuki. Sigurd demeura là longtemps. Il s'éprit de Gudrun, la fille de Giuki; et Gunnar et Högni jurèrent amitié à Sigurd.

Et alors Sigurd accompagna les fils de Giuki chez Atli, fils de Budli, pour obtenir la main de sa sœur Brunhilde en faveur de Gunnar. Elle habitait la montagne d'Hindaberg. Son Burg était entouré de Wafurlogi, le feu aux langues de flammes, et elle avait fait le serment de n'aimer que l'homme qui oserait chevaucher à travers Wafurlogi, le feu aux langues de flammes.

Sigurd chevaucha vers le sommet de la montagne avec les Giukungen, qui s'appelaient aussi Niflungen, et Gunnar devait passer à cheval à travers Wafurlogi. Il montait le cheval Goti, mais ce cheval n'osa point s'élancer à travers les flammes.

Alors Sigurd prit la forme et le nom de Gunnar, car Grani le bon coursier ne voulait porter qu'un seul homme au monde, et c'était Sigurd. Sigurd monta donc Grani et traversa Wafurlogi, le feu aux langues de flamme.

Le même soir il célébra ses fiançailles avec Brunhilde, et quand ils se mirent au lit, il tira l'épée Gram du fourreau et la posa entre eux deux.

Le matin, quand il se fut levé et revêtu de son armure, il donna à Brunhilde comme *morgengabe* l'anneau d'or que Loki avait enlevé à Andvari, et il reçut d'elle un autre anneau en échange comme souvenir. Après cela, Sigurd monta sur son cheval et chevaucha vers ses compagnons. Gunnar et lui reprirent de nouveau la forme l'un de l'autre, et Gunnar se rendit avec Brunhilde chez le roi Giuki.

Sigurd eut deux enfants de Gudrun : Sigmund et Swanhilde.

Il arriva un jour que Brunhilde et Gudrun se rendirent au bain pour laver leurs cheveux. Quand elles arrivèrent au fleuve, Brunhilde s'éloigna du rivage et s'avança plus avant dans le courant ; elle ne voulait point, disait-elle, que sa tête fût mouillée par l'eau qui découlait des cheveux de Gudrun, attendu que son mari était plus brave que celui de Gudrun. Gudrun alla se placer à côté d'elle dans la rivière, et elle dit qu'elle pouvait bien laver ses cheveux au dessus d'elle, vu que son époux dépassait en valeur et Gunnar et tout autre guerrier ; car il avait tué Fafnir et Regin et leur avait enlevé leur trésor à tous deux.

Brunhilde répondit : « Gunnar a fait bien plus, il a traversé, chevauchant, Wafurlogi, le feu aux langues de flamme, ce que n'a pas osé faire Sigurd. »

Gudrun se mit à rire et dit : « Crois-tu vraiment que Gunnar ait chevauché à travers Wafurlogi? Je crois, moi, que celui-là partagea ta couche qui m'a donné cet anneau d'or. Quant à l'anneau que tu portes au doigt, et que tu reçus comme *morgengabe*, il s'appelle Andwaranaut, et je ne crois pas que ce soit Gunnar qui l'ait enlevé sur la bruyère, sur la Gnitaheide. »

Brunhilde se tut et rentra en sa demeure. Ensuite elle poussa Gunnar et Högni à tuer Sigurd. Mais comme ils lui avaient juré amitié, ils chargèrent leur frère Gutthorm de porter le coup.

Gutthorm transperça Sigurd de son épée, tandis qu'il était endormi; mais quand le héros reçut la blessure, il saisit son épée Gram, la lança vers le meurtrier, et le coupa en deux. Ainsi succombèrent Sigurd et son fils Sigmund, âgé de trois ans, qu'ils tuèrent aussi.

Ensuite Brunhilde se plongea une épée dans le cœur, et elle fut brûlée avec Sigurd. Gunnar et Högni s'emparèrent du trésor, héritage de Fafnir, et de l'anneau Andwaranaut et gouvernèrent le pays.

Le roi Atli, fils de Budli et frère de Brunhilde, prit pour femme Gudrun, qui avait été l'épouse de Sigurd, et ils eurent des enfants ensemble.

Le roi Atli invita Gunnar et Högni à se rendre auprès de lui, et ils acceptèrent son invitation. Mais avant de partir, ils descendirent le trésor, l'héritage de Fafnir, dans le Rhin, et, depuis lors, jamais plus on ne retrouva cet or.

Le roi Atli avait rassemblé une puissante armée avec laquelle il attaqua Gunnar et Högni. Tous deux furent faits prisonniers, et le roi Atli fit couper le cœur de Högni hors de sa poitrine, tandis qu'il vivait encore : ainsi périt ce guerrier.

Gunnar fut jeté dans la fosse aux serpents; mais on lui apporta en secret une harpe, dont il joua avec les doigts de ses pieds, parce que ses mains étaient liées. Il endormit ainsi tous les serpents, sauf une vipère, qui, rampant sur son corps, le mordit à la poitrine, mit la tête dans la blessure, et se mit à ronger son foie jusqu'à ce qu'il fût mort.

Gunnar et Högni étaient nommés Niflungen ou Giukungen, et c'est pour ce motif qu'on appelle l'or le trésor ou l'héritage des Niflungen.

Bientôt après, Gudrun tua ses deux fils et fit monter leurs crânes en or et en argent en forme de coupes à boire. Alors furent célébrées les funérailles des Niflungen, et en cette circonstance Gudrun fit servir à Atli, dans ces coupes, de l'hydromel auquel était mêlé le sang des jeunes enfants, et elle fit rôtir leur cœur et les donna à manger au roi. Et quand cela fut fait, elle dit tout à Atli avec des paroles de haine et de fureur.

De l'hydromel très fort avait été servi en abondance, de manière que la plupart de ceux qui assistaient au banquet s'endormirent. Pendant la nuit, elle se rendit avec le fils d'Högni auprès du roi, pendant qu'il dormait. Ils le tuèrent et ainsi il quitta la vie. Puis ils jetèrent du feu dans la vaste salle et brûlèrent tous ceux qui s'y trouvaient.

Ensuite elle se dirigea vers la mer et se jeta dans les flots pour s'y noyer. Mais les vagues la portèrent au delà du golfe dans le pays qui appartenait au roi Jonakur. Quand celui-ci la vit, il la prit auprès de lui et l'épousa. Ils eurent trois fils, dont les noms étaient : Soli, Hamdir et Erp. Ils avaient les cheveux aussi noirs que l'aile du corbeau, comme les avaient Gunnar, Högni et les autres Niflungen.

LA SAGE DES NIBELUNGEN

DANS LES ANCIENS CHANTS DANOIS

Quand les Scaldes des pays scandinaves cessèrent de faire entendre leurs chants si intimement unis à l'antique mythologie, c'est à dire vers le douzième siècle, la *Saga* héroïque ne s'effaça pas de la mémoire de la foule.

Les poésies populaires conservèrent les traits principaux de la tradition primitive, en les modifiant successivement, d'après les influences contemporaines, et l'historien Saxo Grammaticus avoue qu'il leur a emprunté la matière de plusieurs de ces récits. Cette poésie populaire, écho assez fidèle des anciens chants héroïques, se développa surtout du quatorzième au seizième siècle. Elle est simple, naïve, mais énergique, et elle peint bien les mœurs violentes des guerriers du Nord, dont elle retrace les hauts faits. Le récit y tient peu de place. Les personnages entrent brusquement en scène; leur langage est bref, et toutes les circonstances accessoires des événements sont supprimées. Le fait principal est mis en relief sans phrases, sans transitions et sans aucun de ces ornements de style que la rhétorique fournit aux poètes des époques littéraires. C'est vraiment la muse populaire dans sa naïveté encore barbare.

Parmi ces anciens chants nous avons choisi, pour le traduire, celui qui se rapportait directement aux événements qui font l'objet du *Nibelunge-Nôt*.

On remarquera que la tradition se rapproche plus de la forme qu'elle a dans l'*Edda* que de celle qu'elle a prise dans le poème des *Nibelungen*. Seulement le rôle des personnages est interverti, et Hagen a pris la place de Gunther.

La brusque conclusion de ce chant, où Hagen se tue lui-même après avoir frappé Brunhilde, ne rappelle aucune des traditions anciennes de la *Sage*. Elle semble due à l'inspiration du rhapsode, ou à cet instinct d'équité qui pousse le peuple à vouloir la punition immédiate du traître qui a tué son ami d'une façon si odieuse. Tout ce qui se rapporte à la vengeance de l'épouse de Sigurd et à Atli paraît ignoré. La mort du héros principal, Sigurd, tué par trahison et à cause de sa bonté même, est le seul fait dont le souvenir se soit bien conservé.

LA SAGE DES NIBELUNGEN

DANS LES ANCIENS CHANTS DANOIS

SIVARD ET BRYNILD.

Sivard avait un coursier qui lui obéissait en tout. Il enleva la fière Brynild hors du Glasberg (1) et la porta au jour brillant.

Les chefs du pays de Danemark! — Il enleva la fière Brynild hors du Glasberg et la porta à la lumière du jour; puis il la donna au héros Hagen (2), d'après l'usage des frères d'armes (3).

La fière Brynild et la fière Synild (4) s'en vont

---

(1) Le Glasberg est le burg entouré de flammes de l'*Edda*.

(2) Hagen prend ici la place du Gunnar de l'*Edda* et du Gunther des *Nibelungen*, mais dans les trois versions il est le meurtrier de Sigurd.

(3) Chez les peuples du Nord, les guerriers cédaient souvent leur fiancée à leur frère d'armes.

(4) La Gudrun de l'*Edda*, la Kriemhilt des *Nibelungen*.

à la rivière, les deux jeunes femmes, pour y laver leurs vêtements.

— « Écoute, fière Synild, ma sœur chérie, comment as-tu obtenu l'anneau d'or rouge que tu portes à ton doigt?

— « Voici comment j'ai obtenu l'anneau d'or rouge que je porte à mon doigt. Sivard, le rude compagnon, mon cher fiancé, me l'a donné. Sivard, le rude compagnon, me le donna comme cadeau de fiançailles. Et il te donna, toi, au héros Hagen, suivant la coutume des frères d'armes. »

Aussitôt que la fière Brynild entendit cela, elle se retira dans la salle haute et se coucha malade de douleur. La fière Brynild se retira dans la salle haute et se coucha malade de douleur.

Et voilà le héros Hagen qui s'avance vers elle et lui demande :

— « Dis-moi, Brynild, belle vierge, chère fiancée, ne connais-tu rien dans le monde que tu désires avoir? Y a t-il au monde quelque chose qui te puisse consoler? Quand cela coûterait tout mon or rouge, tu l'obtiendras. »

— « Il n'y a rien au monde qui me puisse consoler, sauf de tenir dans ma main la tête de Sivard. »

— « Comment pourrais-tu tenir en tes mains la tête de Sivard? Il n'y a point dans l'univers entier d'épée qui puisse le blesser (1). D'épée qui puisse le blesser, il n'en existe point dans l'univers entier, sauf sa propre épée si bonne et dont je ne puis disposer. »

— « Va dans la salle haute où se tient Sivard. Prie-le par son honneur de te confier son épée. Au nom de son honneur, demande-lui qu'il te confie son épée. Dis-lui : J'ai promis de combattre en un combat singulier pour ma bien-aimée. Et aussitôt que sa main t'aura remis la bonne épée, alors je t'en prie, par le Dieu tout-puissant, ne m'oublie pas. »

Et voici le héros Hagen qui se couvre la tête d'une fourrure; entrant dans la salle haute, il s'avance vers Sivard.

— « Te voilà donc assis ici, Sivard, rude compagnon, mon cher frère d'armes, veux-tu me prêter, au nom de ton honneur, ta bonne épée? Ta bonne épée, veux-tu me la prêter, au nom de ton honneur? J'ai promis de me battre en combat singulier pour ma bien-aimée. »

— « Je te prête ma bonne épée qui s'appelle Adelring (2). Jamais, dans aucun combat, tu ne seras vaincu si tu la portes. Mais garde-toi des

(1) On voit apparaître ici la tradition des *Nibelungen* qui fait Siegfrid invulnérable.
(2) L'épée Balmung dans les *Nibelungen*, Gram dans l'*Edda*.

pointes sanglantes qui se trouvent sous la poignée. Garde toi des pointes sanglantes, car elles sont rouges, et si elles blessent ta main, tu es un homme mort. »

Aussitôt que Hagen put saisir l'épée, il s'en servit pour tuer son frère d'armes chéri.

Il prit la tête sanglante sous sa fourrure et il la porta dans la salle haute à la fière Brynild.

— « Maintenant, voilà la tête sanglante que tu désirais avoir. Par ta faute, j'ai tué mon bon compagnon d'armes, et cela m'afflige profondément. »

— « Enlève cette tête sanglante ; ne me la fais pas voir. Maintenant je veux t'accorder ma foi pour te rendre heureux. »

— « Et moi, jamais je ne te donnerai ma foi ; car je suis très malheureux. Par ta faute, j'ai tué mon bon frère d'armes, et cela m'est une grande peine. »

Et le héros Hagen tira son épée, saisit la fière Brynild, et la fendit en deux. Puis il posa la bonne épée contre une pierre, et sa pointe acérée causa de la douleur au fils de roi. Il posa donc la bonne épée contre la terre noire et la pointe acérée perça le cœur du fils de roi. Oh ! c'est un grand malheur que cette vierge soit née. A cause d'elle deux nobles fils de rois périrent, les chefs du pays de Danemark !

LA SAGE DE SIGURD

DANS LES CHANTS DES ILES FÉROË

LA SAGE DE SIGURD

DANS LES CHANTS DES ILES FÉROË

———

Nous avons vu que la légende héroïque de Sigurd et de Brunhild inspira les chants populaires des deux races germanique et scandinave jusque vers la fin du douzième siècle. Au onzième, elle prend, en Islande et en Norwége, la forme lyrique que nous a conservée l'*Edda*; au douzième, elle revêt en Allemagne la forme épique que nous trouvons dans le *Nibelunge-nôt*, mais bientôt après ces traditions héroïques semblent s'effacer de la mémoire du peuple ou bien elles se transforment en simples récits, en contes pour les enfants, *kindermärchen*.

Il est pourtant un lieu où la *Sage* de Sigurd est restée le sujet de chants populaires qu'on redit encore maintenant aux jours de fêtes, et ce lieu, ce sont les îles Féroë. Les îles, comme les montagnes, conservent plus longtemps que les plaines, les réminiscences du passé. Elles forment des points isolés que le mouvement des idées et des générations nouvelles n'atteint pas. Mœurs, costumes, habitudes, chants, croyances, tout y reste à peu près immuable : les siècles passent sans y rien modifier. C'est ainsi que la *Sage* héroïque de Sigurd s'est conservée dans les îles Féroë, non dans des livres, mais dans des chants très semblables à ceux des poètes du quatrième et du cinquième siècle; même simplicité dans la forme, même rudesse dans les idées, même absence de tout artifice littéraire. Les héros changent parfois de nom, mais les traits généraux du caractère sont peu modifiés. Le Sigurd et la Brunhild des Féroë ressemblent beaucoup à ceux de l'*Edda*. Regin est devenu forgeron, mais il remplit toujours le rôle du traître et il représente l'astuce et la perfidie. Quelques détails du récit rappellent cependant la version allemande du *Nibelunge-nôt*. Ainsi Sigurd est tué à la chasse et non dans son lit, comme dans l'*Edda*. Comme dans les Nibelungen, on ne lui procure pas les moyens de se désaltérer et pour le frapper on saisit le moment où il se penche sur la source qui doit étancher sa soif.

Les fréquentes répétitions qu'on trouve dans les poésies des Féroë sont propres à tous les chants populaires ; elles plaisent aux imaginations naïves et elles gravent mieux les faits dans la mémoire.

Puisque la légende de Sigurd aux Féroë contient des traits à la fois et de la version scandinave et de la version germanique, il faut admettre que son origine remonte à l'époque où ces deux branches de la *Sage* ne s'étaient pas encore séparées, c'est à dire dès avant la fin du cinquième siècle. Nous avons donc ainsi des traditions héroïques transmises de génération en génération, par la mémoire seule, depuis quatorze siècles, sans qu'elles aient subi d'altérations graves ; c'est un exemple très frappant et unique, je crois, dans l'histoire de la poésie. Il permet de comprendre comment les antiques légendes de la Grèce et les chants homériques ont pu se conserver à travers de longs espaces de temps sans le secours de l'écriture.

En 1817, un candidat en théologie, H. C. Lyngby, fit une excursion botanique dans les îles Féroë. Vivant de la même vie que ces populations de pâtres et de pêcheurs, couchant dans la hutte de ces pauvres gens, jusqu'au sommet de leurs montagnes, il fut très étonné d'entendre des expressions et des proverbes se rapportant à la tradition des Nibelungen. On disait, par exemple, en manière de reproche : « Tu ne vaux pas mieux que Regin. » Voulait-on louer les soins qu'une femme donnait à un animal domestique, on rappelait ceux dont Gudrun entourait le cheval Grani. Puis il entendit chanter des strophes entières qui lui rappelèrent l'Edda.

De retour en Danemark, il annonça sa merveilleuse découverte qui fit grande sensation parmi les savants. Muni d'un subside royal, Lyngby retourna aux Féroë et réunit quelques-uns de ces chants qu'il publia en 1822, avec une introduction de P. E. Müller et une traduction danoise.

Plus récemment, la *Société royale de littérature ancienne* de Copenhague envoya aux îles Féroë un érudit mieux préparé que Lyngby à recueillir avec fruit les antiques poésies du Nord qui avaient survécu là comme par miracle. M. C. U. Hammershaimb s'est acquitté avec amour et respect de sa mission scientifique et il a publié les chants héroïques des Féroë en y joignant une traduction en danois (1).

Dans les longues soirées de l'hiver, tandis que l'on file la laine grossière des moutons, les habitants des Féroë chantent encore les anciennes

---

(1) Voyez A. Raszmann, *Deutsche Heldensage*, et P. E. Müller, *Sagabibl.*

sages. Aux repas de noces, ils aiment à répéter le *lied* de Sigurd. Des rondes se forment et la jeunesse danse, en redisant en chœur le refrain : « Grani portait l'or sur la bruyère. » Ce sont ces mœurs et ces poésies primitives qu'il faut étudier quand on veut se faire une idée du mode de formation de ces antiques compositions, les *sages* héroïques. Seulement il faut se rappeler que les anciennes coutumes belliqueuses ont disparu. Les habitants des Féroë ne sont plus ces rois de la mer, ces hardis pirates qui faisaient trembler les tribus du continent ; ce sont de braves gens très pacifiques, qui ne songent qu'à soigner leurs petits moutons noirs et à lever leurs filets. Le christianisme a adouci les farouches guerriers du paganisme. Ils ont adopté des habitudes moins épiques mais plus rassurantes pour les navigateurs qui traversent la mer du Nord.

CHANTS DES ILES FÉROE

LE FORGERON REGIN

Si vous voulez entendre un récit concernant les puissants rois dont je vais vous dire le nom, alors écoutez mes chants.

Refrain. — Grani emportait l'or de la bruyère. Sigurd brandissait son épée, animé de fureur. Il vainquit le dragon. Grani emportait l'or de la bruyère.

Sigmund, ainsi se nommait le fils du Jarl, et la jeune Hiordis était sa femme. Et joyeux ils buvaient dans le royaume de Jul. Ils étaient magnifiquement assis sur leurs siéges royaux.

La paix de leur heureuse demeure fut troublée. Les montagnes du puissant roi furent vaillamment défendues.

Elle était terrible la marche des forts guerriers. La paix du pays du puissant roi fut troublée ; elle fut troublée la paix du pays du puissant roi.

Le combat eut lieu vers le sud, au bord de la mer. Ils chevauchèrent dans la mêlée, et nul n'en revint.

Hiördis continua à vivre accablée de soucis et de douleurs. Ils chevauchèrent dans la mêlée et y laissèrent la vie. Hiördis survécut, la femme de Sigmund.

Hiördis s'enveloppa d'un manteau bleu et se rendit sur le champ de bataille où gisait Sigmund.

— « Te voilà étendu là, Sigmund, mon bien-aimé, je suis venue vers toi pleine de soucis. Écoute-moi : vaillant Sigmund, mon bien-aimé, y a-t-il quelque chose qui puisse guérir tes blessures ? »

— « Tu es venue trop tard, Hiördis, pour m'apporter les baumes qui pourraient guérir mes blessures. Les fils de Hunding m'ont blessé ainsi au milieu du choc des boucliers. L'épée dont ils m'ont frappé était empoisonnée. Quand je reçus le premier coup, mon épée se brisa en deux, et quand je reçus le second coup, mon cœur suffoqua de fureur. Pense à cela.

« Prends les deux morceaux de mon épée, et fais-les porter au forgeron par le jeune fils que tu as conçu.

« L'espoir que tu portes en ton sein, c'est le fils d'un héros. Élève-le avec soin, et donne-lui le nom de Sjurd. Je te le dis en vérité, ce fils vengera ma mort. Regin le forgeron habite de l'autre côté du fleuve. Tu lui feras porter les deux morceaux de mon épée.

« Le dragon qui est couché sur la bruyère, sur la Glitraheide, s'appelle Frœnur. Regin est un forgeron habile, mais il est peu d'hommes qu'il ne trahisse.

« Je ne puis continuer à te parler, ô Hiördis, voici ma dernière heure. »

Hiördis s'arracha du corps de Sigmund en pleurant. Toutes ses femmes étaient auprès d'elle. Toutes ses femmes étaient auprès d'elle, quand la reine Hiördis tomba évanouie. Tout cela était arrivé subitement. La reine songea à la vengeance dès la même nuit. Hiördis ne recula point devant la dépense. Elle fit forger pour Sigmund un cercueil d'or rouge. Pour lui, elle fit préparer un cercueil d'or rouge, et elle y fit placer une croix d'argent brillant.

Vers l'est, sur la colline, les guerriers préparèrent tout dans la campagne, et ils descendirent son beau corps dans la terre sombre. Vers l'est, sur le penchant de la colline, les guerriers se dirent entre eux : C'est un triste et sombre jour que celui où il faut descendre sous terre !

En gémissant, Hiördis alla s'asseoir dans son appartement. — Le roi Hialprek fut le premier qui voulut visiter la veuve. Le roi Sigmund n'était plus auprès de Hiördis. La reine reçut le roi Hialprek.

La veuve porta l'enfant dans son sein pendant neuf mois entiers jusqu'à ce que vînt l'heure où elle mit au monde un fils d'un cœur vaillant. — La veuve porta l'enfant dans son sein pendant neuf mois entiers jusqu'à ce que vînt l'heure où elle mit au monde un fils très beau.

Et il arriva, comme cela se présente souvent, que les souffrances commencèrent sans que la reine s'y attendit. Elle monta dans la salle haute et mit au monde un fils. Et, au moment de sa naissance, elle l'enveloppa dans ses vêtements, et le bel enfant, elle le fit nommer Sjurd.

Et il grandit dans le royaume et devint un fier jeune homme. Ce fut le roi Hialprek qui l'éleva.

Il grandit dans le royaume et en peu de temps

il devint très adroit à porter des coups terribles et il l'emportait sur tous les guerriers du roi.

Il s'avançait au combat sous son bouclier d'or rouge et il apprit à exécuter tous les faits d'armes auxquels se plaisent les guerriers.

Dans la lutte, il était plus fort que tous les autres jeunes gens. Et chaque fois que la colère le prenait, le combat finissait mal pour eux. — Il s'avançait au combat parmi les hommes d'armes et il arrachait de gros troncs de chêne, et avec cela il les frappait souvent jusqu'à les tuer.

Les jeunes gens s'assirent; ils étaient animés de colère : « Tu ferais mieux, lui dirent-ils, de venger ton père que de nous battre avec tant de violence. »

Quand Sjurd apprit comment son père était mort, il jeta son bouclier rouge sur la terre noire et il devint aussi noir que la terre.

Il jeta loin de lui son épée et son armure : il n'aimait plus à se battre. Et il alla ainsi désarmé vers sa mère, les joues tour à tour rouges et pâles.

« Écoute, ô mère chérie et dis-moi la vérité. Comment s'appelait celui qui a tué mon père ?

— « Je puis te dire la vérité à ce sujet. Ce furent les fils de Hunding qui tuèrent ton père. Ton père fut tué par les fils de Hunding. Jamais, ta vie durant, tu n'accepteras de composition de leurs mains. »

Sjurd répondit à sa mère du mieux qu'il pût : « Déjà dans la gueule du jeune chien ont poussé des crocs aigus. »

Hiördis se dirigea vers un coffre qui était tout lamé d'or : « Voici l'armure que portait ton père quand il fut tué. »

Elle ouvrit le coffre où elle renfermait beaucoup d'or et de joyaux, prit la chemise ensanglantée, et la jeta sur les genoux de son fils.

Elle prit aussi les morceaux de l'épée et les remit à Sjurd : « Voilà ce que m'a donné ton père qui me chérissait si tendrement. Prends les deux morceaux de son épée, afin d'en faire forger une nouvelle aussi bonne que la première. Le forgeron Regin demeure de l'autre côté du fleuve, tu lui feras porter les deux morceaux de l'épée.

« Le dragon qui est couché sur la bruyère sur la Glitraheide s'appelle Frœnur. Regin est un forgeron habile, mais il est peu d'hommes qu'il ne trahisse. Va vers la cascade et jette une pierre dans le fleuve et prends le cheval qui ne recule pas devant toi. »

Il alla vers la cascade, jeta une pierre dans le fleuve et prit le cheval qui ne recula point devant lui.

Il était choisi parmi tous ceux du royaume et c'était le meilleur, et il fut appelé Grani, le cheval de Sjurd.

Un matin de bonne heure, Sjurd s'élance sur le dos de Grani, et traverse le fleuve, afin d'aller visiter Regin le forgeron.

Et voilà le jeune Sjurd qui chevauche devant sa porte. Regin rejette loin de lui tous ses outils de forgeron et saisit une épée.

— « Écoute, illustre Sjurd, tu es un homme bien vaillant, où donc veux-tu aller? de quel côté diriges-tu ta course? »

— « Écoute Regin, c'est vers toi que se dirigeait ma course. Rends-moi ce service, habile forgeron, forge-moi une épée. »

— « Sois le bienvenu, jeune Sjurd, j'éprouve de l'affection pour toi. Si tu restes quelque temps en ce pays, passe la nuit en ma demeure. »

— « Je ne puis, forgeron Regin, demeurer auprès de toi. Le roi Hialprek m'appelle en son burg. Forge-moi convenablement cette épée, de manière que je puisse couper le fer et l'acier. Tu me forgeras cette épée claire et étincelante, qui tranchera le fer et la pierre. »

Regin saisit l'épée et la plaça dans le feu. Il y travailla dix nuits entières. Dix nuits entières, il y travailla.

Le jeune Sjurd se met de nouveau à chevaucher. Un matin, de bonne heure, Sjurd s'élance sur le dos de Grani et il traverse le fleuve, afin de se rendre auprès de Regin.

Et voilà le jeune Sjurd qui chevauche devant sa porte. Regin rejette loin de lui tous ses outils de forgeron et saisit une épée.

— « Sois le bienvenu, Sjurd, j'ai forgé ton épée. Si le cœur et le courage ne te font pas défaut, tu seras bien préparé pour combattre. Je t'ai forgé une épée claire et étincelante, qui coupera et le fer et la pierre. »

Sjurd s'avance vers l'énorme enclume, afin de faire l'épreuve de sa force. L'épée, du coup, se brisa en deux.

— « Tu mourras, Regin, et de ma main, car tu as voulu me tromper avec tes ruses d'armurier. »

Il prit les deux morceaux de l'épée et les jeta sur ses genoux. Regin, le forgeron, se mit à trembler comme une feuille de lis. Il prit les deux parties de l'épée brisée en sa main, mais sa main tremblait comme la tige d'un lis.

« Tu vas me forger une autre épée, mais sache-le bien, Regin, si tu ne la fais pas mieux que celle-ci, tu ne conserveras pas la vie. Tu me forgeras une épée d'une trempe effroyablement dure. Je veux pouvoir couper et le fer et l'acier.

— « Si je te forge une autre épée et si elle est meilleure que celle ci, je veux avoir pour prix le cœur du dragon. Entends-tu bien, jeune Sjurd, si je te forge une autre épée, pour salaire je veux avoir le cœur du dragon. »

Regin prit l'épée et la remit au feu. Il y travailla trente nuits entières; trente nuits entières, il y travailla.

Et le jeune Sjurd se remit à chevaucher. Un matin, de bonne heure, il s'élance sur le dos de Grani et il traverse le fleuve afin de se rendre auprès de Regin le forgeron.

Et voilà le jeune Sjurd qui chevauche devant sa porte. Regin rejette loin de lui tous ses outils de forgeron et saisit une épée.

— « Sois le bienvenu, Sjurd, je t'ai forgé une épée; si le courage ne te manque pas, tu iras loin en tes chevauchées. »

Sjurd s'avança vers l'enclume et frappa de toutes ses forces. L'épée était si dure qu'elle ne pouvait ni plier ni se briser. Sjurd frappe avec force et, du coup, il fend du haut en bas l'enclume et le billot qui le supporte.

Une source jaillit et donne naissance à un fleuve et un autre fleuve naît non loin de là (1).

(1) Ce vers ne se relie point au reste du chant. Les cri-

Et il donna à son épée le nom de Gram.

— « Écoute, illustre Sjurd, va, chevauche et cherche une femme. Pour un chef comme toi, je suis prêt à donner ma vie. »

— « Écoute, Regin, tu me parles ainsi, mais, ô forgeron Regin, tu nourris d'autres sentiments au fond du cœur. »

— « Promets moi encore ceci, illustre Sjurd, quand tu te rendras sur la bruyère, sur la Glitraheide, consens à ce que je t'y suive. »

— « Avant tout il faut que j'aille trouver parmi le choc des boucliers les fils de Hunding. Ensuite j'irai sur la Glitraheide, mais cela presse moins. D'abord j'irai trouver au milieu du choc des boucliers les fils de Hunding pour les tuer. Puis j'irai sur la Glitraheide et nul ne m'en empêchera. »

Et ainsi parle Sjurd le fils de Sigmund, et le bonheur l'accompagne. — Il s'élance au plus fort du choc des boucliers et venge la mort de son père. Il tua tous les fils de Hunding, avant de retourner en sa demeure. Il resta peu de temps dans le royaume, puis s'avança sur la Glitraheide.

---

tiques, entres autres M. Raszmann, dans sa *Deutsche Heldensage*, pensent que c'est une allusion au Rhin, dans lequel Sigurd, suivant l'*Edda*, plonge son épée Gram pour essayer si elle coupe le flocon de laine que le courant apporte.

Et c'était Sjurd le fils de Sigmund qui chevauchait à travers la forêt. Il rencontre un homme âgé (1) qui s'assied près du marais. Un homme se présente et nul ne le reconnaît. Il n'a qu'un œil au front et il tient à la main un arc finnois.

— « Écoute ceci, Sjurd fils de Sigmund, tu es un vaillant guerrier. — Où vas-tu, où se dirige ta course? »

— « J'allai d'abord parmi le choc des boucliers pour trouver les fils de Hunding. Maintenant je me dirige vers la Glitraheide pour y accomplir des exploits dignes d'un héros. »

— « Écoute, brave Sjurd, et réponds-moi. Quel est ce farouche compagnon qui te suit? »

— « Il s'appelle le forgeron Regin; il est le frère du dragon. C'est pourquoi je l'ai pris avec moi en cette expédition. »

— « Quel est celui qui t'a fait creuser ces deux fosses? Cet homme a songé à te faire périr. »

— « C'est Regin qui m'a conseillé de creuser ces deux fosses; car il est mon compagnon fidèle en cette expédition. »

— « Si c'est Regin qui t'a conseillé de creuser ces deux fosses il est le plus méchant des traîtres et il veut te faire périr. Prends bien garde, Sjurd,

---

(1) Odin.

crains d'être tué par ce dragon. Creuse une troisième fosse non loin de là, c'est ainsi seulement que tu pourras te préserver de son venin. — Creuses-en encore une quatrième un peu au delà; c'est du fond de cette fosse qu'il faut frapper le dragon. Creuse ici-près la quatrième fosse et c'est là, Sjurd, que tu te placeras. »

Le dragon en rampant s'éloigne de son or, qu'on le sache bien. Sjurd s'élance sur le dos de Grani et s'apprête à chevaucher.

Le dragon en rampant a quitté son or, il espère vivre en paix. Sjurd saisit sa lance terrible et s'arme aussi de son épée.

La chute d'eau était haute de trente coudées, et le dragon était couché dessous. Son ventre reposait sur les rochers, mais ses deux nageoires s'élevaient dans les airs. Ses deux nageoires s'élevaient dans les airs quoique son ventre reposât sur les rochers.

Et voilà le vaillant Sjurd qui brandit son épée. Sjurd porta au monstre un coup si merveilleux que tout s'en étonna. Les forêts et leurs feuillages et la terre jusqu'en ses fondements en tremblèrent. Tout en trembla et les forêts et leurs feuillages et la terre jusqu'en ses fondements. Sjurd brandit son épée acérée et coupa le serpent en deux.

En luttant contre la mort le dragon lui dit :
« Quel est le brave guerrier qui a osé porter ce coup? »

— « Je m'appelle Sjurd, le fils de Sigmund, de Sigmund dont la jeune Hiördis était la femme. »

— « Écoute, Sjurd, ce que j'ai à te dire. Qui t'a suivi dans le chemin jusqu'ici? »

— « C'est Regin, ton frère, qui m'a montré le chemin. C'est le plus méchant des traîtres ; il voulait te faire périr. »

Le dragon répondit tandis que son sang s'écoulait : « Tu dois frapper maintenant Regin le forgeron quoiqu'il soit mon frère. Tue maintenant Regin le forgeron comme tu m'as frappé. C'est le plus méchant des traîtres ; il veut te faire périr. »

Et voici Regin le forgeron qui parle. « N'obtiendrai-je pas maintenant, Sjurd, ce que tu m'as promis? »

Sjurd perça le cœur quoiqu'il fût difficile d'y arriver. Il le perça de sa lance qui avait trente aunes de long.

Sjurd se brûla la main et la porta à sa bouche. Et alors il comprit le langage des oiseaux et des autres animaux.

Et les oiseaux sauvages assis au haut des chênes disaient : « Il faut que toi aussi, Sjurd, tu manges de ce rôti. »

Sjurd fit rôtir le cœur et l'enleva de sa lance. Regin se coucha à terre pour boire le sang vénéneux du dragon. Pour boire le sang vénéneux du dragon, Regin se coucha à terre.

Sjurd lui donna le coup de la mort à l'endroit où il se tenait. Et c'était le jeune Sjurd qui brandissait son épée. Il coupa en deux le forgeron Regin.

Sjurd pouvait alors se rendre maître d'un grand trésor, car il avait tué le dragon aux écailles étincelantes qui était couché sur la Glitraheide.

Et c'était le matin, et le soleil rougissait l'horizon. Il attacha douze coffres sur le dos de Grani. Il plaça douze coffres des deux côtés de la selle, et puis lui même s'assit dessus, ainsi me l'a-t-on raconté.

Et Sjurd, assis dessus, se mit à chevaucher. — Grani bondit sur la bruyère : il était plein de fureur.

Le cheval s'emporta à travers la marche déserte ; il ne connaissait pas le chemin. — Sjurd, passa une froide nuit dans un fourré. — Et Grani s'élançait aussi rapidement sur les rochers que dans la plaine. Jamais dans le burg d'un roi puissant, on ne verra son pareil.

Ici je terminerai mon récit ; pour cette fois je ne chanterai pas davantage. — Je commencerai un autre *lied*, afin de l'imprimer dans la mémoire.

BRINHILD

J'ai entendu un chant qui fut chanté sur les vertes collines. C'était un récit des temps anciens, un récit de ce qui arriva au temps de Budli.

Refrain. Grani emporta l'or de dessus la bruyère, Grani emporta l'or de dessus la bruyère. Sigurd brandissait son épée avec colère; il remporta la victoire sur le dragon. Grani emporta l'or de dessus la bruyère.

Dans les temps anciens régnait un roi et nous l'appellerons Budli. Il avait une fille très belle, née pour rendre heureux. Un roi régnait sur la grande forêt et il s'appelait le joyeux Budli.

Et ce roi partagea de l'or et des anneaux entre tous ses guerriers. Partout sur les vertes collines on parlait de sa fille unique. Elle s'appelait Brinhild fille de Budli et c'était une belle femme.

On parlait de la fille unique de Budli dans les vertes forêts.

Elle s'appelait Brinhild fille de Budli, cette femme charmante.

Brinhild habite à Hildarfiall et elle est la fille de Budli. Et dans les chants héroïques on disait d'elle qu'elle faisait pâlir l'éclat du jour.

Brinhild siége à Hildarfiall au milieu du royaume de son père. Une vive lueur jaillissait de ses épaules et c'était comme si on avait vu du feu.

Brinhild est assise sur son siége et elle peigne ses cheveux. Ils sont fins comme de la soie et brillants comme de l'or.

Brinhild est assise dans la salle, et les guerriers y entrent, mais nul ne se considère comme digne d'elle.

Bien des guerriers, des fils de roi et des Jarls avaient demandé sa main. Mais son cœur était à l'abri de l'amour; elle les refusa tous.

Et voilà le vaillant roi qui se revêt de son vêtement et qui s'avance dans la salle haute vers sa fille.

— « Écoute, ma fille chérie, tu me crées maints périls en refusant tous ceux qui demandent ta main. Combien de temps accroîtras-tu mes soucis en refusant pour époux tous ceux qui entrent dans mon burg?

— Tais-toi, mon père, tais-toi; ne parle pas

ainsi. Il n'est pas encore venu le vaillant guerrier que je puis prendre pour époux. Le vaillant guerrier que je puis prendre pour époux n'est pas encore venu. — Vers l'est, au delà de la forêt, mon cœur s'élance vers lui. Et cet homme s'appelle Sjurd, fils de Sigmund, et c'est la jeune Hiördis qui le mit au monde. »

— « Vraiment ton amour est chose bien étrange, d'aimer ainsi un homme que tu n'as jamais vu. »

— « Ce sont les Nornes qui l'ont voulu ainsi. Cet amour remplit mon cœur. Il y a neuf hivers que j'aime Sjurd et mes yeux ne l'ont jamais vu. »

Le roi répondit tout en buvant le clair hydromel : « Pourquoi Sjurd est-il plus illustre que les autres fils de roi? Écoute, ma fille chérie, je te le dis encore, pourquoi est-il plus renommé, ce Sjurd, que les autres fils de roi? »

— « Voici pourquoi Sjurd est plus renommé que les autres fils de roi : il a vaincu cent guerriers à la fois. Voici pourquoi il est plus renommé que les autres fils de roi : sa selle et sa cuirasse brillent comme de l'or.

« J'ai entendu parler de son adresse et de sa ruse. Avec sa bonne épée, il tua le dragon aux écailles chatoyantes. Je l'ai entendu dire, car je n'y étais pas. Il a vaincu le dragon aux couleurs chatoyantes qui était couché sur la Glitraheide.

« Après qu'il eut tué le dragon aux écailles chatoyantes sur la Glitraheide, Sjurd pensa à s'emparer du grand trésor.

« Sjurd a tué le dragon aux écailles chatoyantes, et à cause de cela il est si riche que nul dans le Hunenland, dans les pays des Hunen, ne peut lui être comparé. »

— « Écoute-moi, ô ma fille chérie, donne-moi un conseil. Comment ferons-nous venir de son royaume cet homme si fort ? »

— « Tu me permettras de préparer une salle dans la marche solitaire. Là je demeurerai avec une suite très peu nombreuse. Tu me donneras le siége d'or, afin que je le place dans la marche solitaire, le siége que les deux nains ont orné si habilement de runes forgés, ce siége que les deux nains ont si habilement orné de runes forgés. Une flamme, la Waberlohe, et de la fumée entoureront cette salle. Cette flamme, la Waberlohe, me protégera. Seul l'illustre Sjurd osera s'y attaquer. »

Il lui fit ainsi préparer cette salle sur la marche déserte. — Et elle s'y rendit avec une suite peu nombreuse. Sur la marche solitaire, il lui fit construire une salle. Une grande flamme, la Waberlohe, et de la fumée l'entouraient. Et il la fit entourer d'une grande flamme, de la Waberlohe, que les nains avec leurs runes s'entendaient à entretenir.

Et il fit brûler une si grande flamme, la Waberlohe, que les nains ne pouvaient s'en approcher par trahison.

Et c'était de bon matin ; le soleil rougissait les montagnes. Maints nobles guerriers chevauchaient vers le burg de Budli. Il était de bon matin et à l'horizon, le soleil projetait ses rayons, quand maints guerriers renommés entrèrent dans la cour de Budli.

Brinhild est assise sur son siége, elle porte de l'or au front. Le roi Budli s'avance dans la salle et demande à parler à la jeune fille.

— « Le roi Gunnar est arrivé ici de la cour de Juki. Écoute, Brinhild, ma fille, le roi Gunnar est arrivé ; il faut que tu lui dises : oui. »

Le roi Budli se tient debout appuyé sur la table. La jeune Brinhild, sa fille, ne répondit pas un mot.

Brinhild se lève de sa chaise ; elle étincelait d'or rouge. Elle fuit le burg de Budli et se retire à Hildarhöh. Grimur et Högni, fils de Juki, se rencontrent sur la plaine verte. Les vierges tremblent à Hildarsaal, le fort burg de Budli est ébranlé.

Grimur et Högni, fils de Juki, se battirent avec

des épées acérées. Brinhild est assise, entourée de la Waberlohe, au milieu du royaume de son père. Elle se rejette en arrière dans son siége d'or et rit sous ses voiles blancs : « Celui qui chevauchera à travers la Waberlohe sera mon époux. »

Brinhild est assise dans sa chaise d'or, la belle jeune fille. Elle attire de loin Sjurd vers elle pour son malheur.

Sjurd s'éveille de bon matin et raconte son rêve. Il se jetait dans les combats comme l'eau coule dans le torrent.

« Je rêvais que Grani se trouvait au milieu d'une flamme rouge; devant lui sur le pré vert coulait un grand ruisseau de sang. Je rêvais que j'étais assis sur le dos de Grani et je ne lui épargnais pas l'éperon. Devant lui sur l'herbe verte coulait à flots le sang des guerriers. Je rêvais que mon bouclier se brisait, ainsi que mon baudrier orné d'or. Je rêvais que ma bonne épée résonnait sur les casques d'or. »

Le matin de bonne heure, Sjurd s'habille de façon à mériter l'admiration de tous. Il se rend dans son jardin et il y apprend bien des choses. Voici ce que lui dirent les oiseaux assis dans les arbres :

« Brinhild est belle, la fille de Budli; elle attend ton arrivée. »

Et les oiseaux sauvages assis sur les branches des chênes lui dirent : « Brinhild, la fille de Budli est belle ; elle attend ton amour. »

Voilà ce qu'apprit Sjurd, vers l'orient, dans son pays.

Brinhild est assise à Hildarfiall, elle est rebelle à l'amour.

C'était le matin, et le soleil resplendissait au loin : il dit à Wiggrim, fils de Gunnar : « Selle-moi mon beau cheval. »

Le coursier, que Sjurd doit monter, est amené : ses flancs sont couverts d'écarlate. Le coursier est amené devant la grande salle : il est couvert d'écarlate jusqu'aux crins du paturon. Sjurd se met aux mains des gants lamés d'or. Ainsi il chevauche droit devant lui.

Ainsi chevauche Sjurd, fils de Sigmund sur le chemin de ce lointain voyage.

Le bon coursier bondit, les anneaux d'or résonnent. Le héros porte douze anneaux d'or. Il met au dessus des autres son anneau royal d'or rouge. Il porte à la main douze anneaux d'or. Ainsi l'adroit guerrier s'élance vers le pays du roi Budli.

Grani court aussi vite sur les rochers que dans la plaine. Nul coursier semblable à lui n'est entré dans le burg du roi Budli. Grani court aussi rapide sur les rochers que dans la plaine. Nul coursier semblable à lui n'entrera plus jamais dans le burg de Budli.

Il passe devant la cour du roi Juki. Dehors se tient Grimhild entourée de maints guerriers. Entourée de maints guerriers, Grimhild se tient dehors. Elle accourt et de ses deux mains saisit les rênes. Elle accourt et saisit les rênes de ses deux mains, car jamais elle n'avait vu plus noble guerrier sur le dos d'un cheval.

Alors parla Sjurd, fils de Sigmund qui portait le front haut :

— « Je croyais qu'il n'existait point de femme qui osât arrêter mon cheval. »

— « Sjurd, suspends ta course, écoute et réponds-moi. J'ai une fille qui est si belle et qui veut t'accorder son amour. »

— « Jamais je ne suspends ma course, tant que court mon coursier. Je continue à gravir la montagne où brûle la Waberlohe. Jamais je n'arrête ma course, mon coursier s'élance vers les bois. Je continue à gravir la montagne pour contempler une belle femme. »

Ainsi faisaient autrefois les amants emportés par l'amour et ainsi font-ils encore aujourd'hui.

Nul n'osait s'avancer assez près pour contempler la Waberlohe.

L'homme du guet a de la peine à se faire entendre; il dit : « Celui qui chevauchera à travers la Waberlohe obtiendra la jeune fille. »

Grimur chevauche dans la verte plaine, il élève fièrement le front. Il guide son étalon vers le sommet, afin de s'élancer à travers les flammes.

L'illustre Sjurd s'écrie, qu'on le sache au loin : « J'en porte le présage sur mon bouclier; je veux chevaucher à travers le feu. »

Nul ne chevauche sur le sommet de Brinhild, sauf Sjurd le rapide. Lui et son cheval Grani traversent la fumée et les flammes.

Grani s'élance à toute vitesse à travers la campagne. Les pieds du cheval se dirigent vers les portes du haut burg. Ainsi rapidement, Grani trotte en avant.

Il était ardent, le feu qui brûlait les flancs de Sjurd.

Sjurd gravit le sommet de Brinhild, ce que nul n'osa avant lui. D'un coup de son épée, il fend la haute porte. Avec sa bonne épée, il abat le bois des fenêtres. Il contemple alors la belle jeune fille couchée et revêtue de son armure.

L'illustre Sjurd entre dans la salle et regarde autour de lui. Il voit la jeune fille couchée seule sur son lit. Il contemple la belle jeune fille, seule, endormie sous son armure.

Il lève son épée acérée, puis coupe et défait sa cuirasse.

Elle s'éveille, Brinhild, la fille de Budli et regarde autour d'elle : « Qui donc possède l'épée acérée qui a coupé en deux ma cuirasse ? »

Brinhild s'éveille et regarde au loin autour d'elle : « Quel est le vaillant héros qui a coupé ma cuirasse ? »

— « Tu m'appelleras Sjurd, fils de Sigmund. C'est la reine Hiördis qui me mit au monde. Je suis venu d'un autre pays vers toi. Je m'appelle Sjurd, fils de Sigmund, ô ma bien aimée. »

Brinhild se soulève sur son lit ; elle rit sous les linges blancs.

— « Sois le bienvenu, toi qui as quitté d'autres pays pour venir près de moi. Écoute, Sjurd, fils de Sigmund, qui t'a montré le chemin, quand tu chevauchas à travers la fumée et les flammes de la Waberlohe ? »

— « Deux oiseaux me dirent dans le bois verdoyant : Elle est belle, Brinhild, la fille de Budli et elle attend ta venue. Voilà ce que me dirent deux oiseaux sur mon chemin et c'est pour cela que j'ai chevauché jusqu'ici. »

— « Écoute-moi, Sjurd, fils de Sigmund, ne sois point si prompt. Va d'abord à la cour de mon père et demande-lui conseil. »

Sjurd, fils de Sigmund, parla; il était à la fois sage et beau :

« Tu as reçu peu de bons avis de ton père. Car tu as attendu bien longtemps ma venue. Je ne vais point vers ton père, afin de lui demander son conseil. »

Les liens de l'amour l'attachèrent à la jeune fille pleine de savoir. Asla, fille de Sjurd, fut conçue à ce moment.

Il se coucha dans les bras de Brinhild. Appuyé sur sa poitrine, il dit : « Je te fais le serment de fidélité, jamais je ne te trahirai. »

Il déposa douze anneaux d'or sur ses genoux : « Voilà le premier lien de nos fiançailles. »

Il déposa les douze anneaux d'or sur les genoux de la jeune femme et tout au dessus il plaça son anneau royal auquel il tenait tant. Les douze anneaux d'or, il les mit dans ses bras : « Ce sera là le second lien de nos fiançailles. »

Et c'était Sjurd, fils de Sigmund, à qui ne manquait point la bonté. Il tresse trois anneaux d'or dans les cheveux de Brinhild. Ainsi fit Sjurd, fils de Sigmund et le bonheur ne lui faisait point défaut.

Il demeura sept mois dans la résidence de la jeune fille.

— « Brinhild, donne-moi ma selle, et mon bouclier et ma cuirasse. D'autres devoirs m'appellent ailleurs.

— « Reste plutôt en paix auprès de moi et réjouis-toi dans ma couche. Le roi Juki a une fille puissante dans les arts magiques. Jeune, tu perdras la vie. Tu épouseras Gudrun et tu ne jouiras plus de moi. »

— « Cela me paraît bien étrange. Rien de semblable ne m'arrivera jamais, Brinhild ; jamais mon amour ne se détournera de toi. »

Brinhild fille de Budli parla ; son cœur se glaçait dans sa poitrine :

« Le roi Juki a une fille, elle te charmera par son amour. Écoute-moi, Sjurd, je te donnerai de l'or pour des anneaux. Ne chevauche pas vers Grimhild ; elle est pleine de trahisons. »

Elle le suivit longtemps sur le chemin et lui souhaita un bon voyage : — « Puisses-tu avoir longue vie, bonheur et succès en tout. Nous nous quittons cette fois au milieu de la félicité et de la joie. »

Sjurd, le noble héros, lui donna cette réponse :

« Jamais, ma vaillante bien-aimée, jamais tu ne sortiras de mon cœur. »

Et c'était Sjurd, fils de Sigmund, qui se tenait sur la selle et il embrassa Brinhild, la jeune femme, de tout son cœur.

Et c'était Sjurd, fils de Sigmund, qui vint

chevauchant à la cour. Le roi Budli en personne s'avança à sa rencontre.

— « Sois le bienvenu, Sjurd, ici près de moi. Bois ce qui te plaît le mieux, de l'hydromel ou du vin. »

— « Je fais peu de cas de ton hydromel, peu de cas de ton vin. Donne-moi la jeune Brinhild ta fille unique. »

— « Sois le bienvenu, Sjurd, tu n'as pas besoin de m'envoyer des messagers. Je connais bien ta destinée jusqu'à ta mort. Jeune encore tu périras. Tu épouseras Gudrun, et tu ne jouiras pas de Brinhild. Tu as juré fidélité à Brinhild et tu voudras tenir ton serment. Gudrun te donnera un breuvage enchanté qui te causera des malheurs. »

— « Etranges sont tes paroles ; cela ne m'arrivera pas. Jamais mon amour ne se détournera de ta Brinhild. »

Alors le roi Budli lui répondit, son cœur commençait à se glacer dans sa poitrine :

— « Le roi Juki a une fille qui te charmera par son amour. »

— « Cela me paraît étrange. Jamais il n'arrivera que mon amour se détourne de ta Brinhild.

— « Écoute ceci, Sjurd, ne te prépare pas cette honte. Ne chevauche pas si loin, ne passe pas devant la cour de Juki. Ne chevauche pas si loin, ne passe pas devant la cour de Juki. Grimhild se tient dehors entourée de maints guerriers. Entourée de maints guerriers, Grimhild se tient dehors. Elle voudra savoir où tu vas. Où tu vas, voilà ce qu'elle voudra savoir. Car jamais elle n'a vu sur le dos d'un cheval un si noble guerrier. »

Il le suivit longtemps sur le chemin et lui souhaitant bon voyage : « Puisses-tu avoir de la santé, du bonheur et réussir en tout. »

Sjurd chevaucha à travers la forêt sans nul danger. Tout à coup il voit un monstre qui frappe des deux jambes de devant, une bête horrible qui frappe des deux jambes de devant. Elle lance du feu et jette du venin. Sa vie fut en danger.

Sjurd est assis sur le dos de Grani, et il croit qu'il ne trouvera pas le chemin. Grani ruait et mordait, et bondissait de côté et d'autre.

Le coursier devenait furieux ; il ne retrouvait point le chemin. Ainsi, Sjurd fut obligé de se diriger vers la cour de Juki. Le monstre alors disparut, il disparut aux regards de Sjurd. Et il vit Grimhild assise, ornée de rubans de diverses couleurs. Et il chevaucha si loin, jusque devant la cour de Juki.

Grimhild se tient entourée de maints guerriers. Entourée de maints guerriers, Grimhild se tient dehors. Elle accourt et des deux mains saisit ses rênes :

— « Sjurd, suspends ta course, écoute et réponds-moi. J'ai une fille très belle qui veut t'accorder son amour. Gudrun, ma fille, est la plus belle partout où elle va. Des roses et des lis brillent sur ses joues. Ma fille Gudrun est belle et te sied bien mieux que Brinhild qui ne lui ressemble pas plus que l'hiver à l'été. Entre dans la salle, tu ne t'en repentiras pas. Bois à cette coupe, ton cheval sera mis en lieu sûr.

Gudrun, la vierge, s'avança revêtue d'un manteau bleu. Ses cheveux pendent sur ses épaules, entrelacés de bandelettes de soie.

Et voici Grimhild l'épouse de Juki qui parle à sa fille :

— « Va dans la cave et mêle de l'hydromel et du vin. Va dans la cave et mêle de l'hydromel et du vin. Et fais en sorte d'y mettre une puissante force d'oubli. »

Alors la fille de Juki, Gudrun, parla ; elle avait la langue prompte à la répartie :

— « C'est rarement un bonheur de prendre ce qui appartient à autrui. Il y a dans notre pays maints fils de rois et de Jarls. Désirer ce qu'un autre possède est rarement un bonheur. »

Elle leva la main droite et donna à Gudrun un

coup dans les dents. Le sang coula sur sa poitrine et les guerriers le virent.

— « Tais-toi, Gudrun, ma fille : il faut beaucoup pardonner à une innocente. Il vaut mieux cependant faire soi-même des avances que de manquer un bon époux. »

Gudrun alla dans la cave et mêla de l'hydromel et du vin, et elle y mit une grande puissance d'oubli ; elle y ajouta une très grande puissance d'oubli. Puis elle en apporta une coupe à Sjurd et le pria d'en boire.

Il se mit à boire la bonne boisson, et en but dans une longue corne.

Sjurd perdit le souvenir et nul ne pouvait le guérir.

Et quand il eut bu il rendit la coupe. Il ne pensa plus à dame Brinhild et il ignorait où il se trouvait.

Gudrun but à la santé du beau guerrier. Sjurd ne songea qu'à une seule chose, à posséder Gudrun.

Et voilà la méchante femme Grimhild qui parle à sa fille :

— Va dans la chambre et prépare-la pour notre hôte.

Et Sjurd, fils de Sigmund, commençait à s'éprendre de la jeune fille. Aussitôt il fixa les noces, il ne voulait pas attendre longtemps.

On but joyeusement à ses noces et leur vie était heureuse. Tous deux partagèrent la même couche, Sjurd et sa femme.

Quinze flambeaux de cire, sans mentir, furent brûlés devant eux. Le roi et ses fidèles, tous les conduisirent au lit.

Sjurd monte dans la chambre et trouve le chemin vers Gudrun. Brinhild l'entendit à Hildarhöhe, et la colère entra dans son âme.

Brinhild quitte Hildarhöhe, la belle femme.

Sjurd, visita Gudrun, mais le héros perdit la vie.

Brinhild parla et des larmes coulaient de ses yeux : « Gudrun, la fille de Juki, ne jouira pas du bonheur de posséder le brave guerrier. »

Brinhild s'écria à haute voix : « Je veux lui créer des soucis, car enlever ce qu'un autre possède donne rarement du bonheur. »

C'était le matin de bonne heure, à peine le soleil rougissait l'horizon. Les deux belles femmes entrèrent dans l'eau pour s'y laver.

C'était le matin de bonne heure, le soleil rougissait les collines. Les deux belles femmes se rendirent à la rivière pour s'y laver. Elles se rencontrèrent à mi-chemin, Brinhild et la fille de Juki. L'une était au comble du bonheur, et l'autre, accablée de douleurs. Elles se rencontrèrent à mi-chemin, Brinhild et la jeune Gudrun.

L'une, était au comble du bonheur, et l'autre, accablée de tristesse.

Brinhild se tut, Gudrun parla ; les deux femmes étaient disposées à se quereller :

« Pourquoi, mon frère, le roi Gunnar, ne veut-il pas épouser une si belle femme? »

Et voilà Gudrun, la fille de Juki qui agissait avec outrecuidance. Elle ne voulait point se laver dans l'eau qui coulait des cheveux de Brinhild.

Elle s'avança jusqu'au milieu de la rivière où le courant était très fort, car elle avait pour époux Sjurd, qui était supérieur à tous les autres guerriers.

— « Cet anneau d'or rouge que tu vois à mon bras, Sjurd, fils de Sigmund, me l'a donné. Je l'obtins en dépit de toi. »

Brinhild, fille de Budli, parla transportée de fureur : « Pour ce mot, Sjurd périra, si je conserve la vie. Que tu sois heureuse avec ce puissant guerrier, je ne le permettrai pas. J'ai obtenu l'amour de Sjurd, avant que tu l'aies vu. »

— « Sjurd a eu ta virginité et a porté atteinte à l'honneur de Budli. Tu t'es livrée avec ardeur au héros, et maintenant il est mon époux. »

— « Il ne te convient pas, femme perfide, de m'adresser ce reproche. A cause de tes paroles, Sjurd périra, si je conserve la vie. »

— « Je ne crains point tes menaces, quelque féroces que soient tes paroles. Nul à la cour de Juki ne pourrait enlever la vie à Sjurd. »

Brinhild se retira en pleurant dans son appartement.

Gunnar, ce roi vaillant et renommé veut la visiter.

Brinhild se mit au lit en ce moment et à cause de Sjurd elle endura de grandes douleurs pendant une heure. Quand Sjurd, fils de Sigmund, l'entendit, il alla lui-même visiter la charmante femme.

— « Il n'y a point de guerrier Hun qui ait aussi mal agi que toi. Tu as trompé la femme à qui tu as d'abord juré fidélité.

— « Écoute, ma vaillante bien-aimée, ne m'accuse point de cela. Mon cœur a été détourné de ton amour. »

Aussitôt que Brinhild put fixer ses yeux sur Sjurd, la belle jeune femme mit au monde une fille.

Aussitôt Brinhild s'écria d'une voix forte : « Portez mon petit enfant au fleuve, je ne veux pas le voir. »

On emporta Asla, la fille de Sjurd, et on la laissa emporter au fil de l'eau. Le courant rapide et les flots agités emportèrent l'enfant loin de la terre.

Déjà plus d'un a été mis en péril à cause d'une belle femme.

Et maintenant la dernière heure de Sjurd est arrivée; il va perdre la vie.

Sjurd était un brave guerrier; il plongea son épée dans le sang. Et des femmes voulurent le tuer comme vous allez l'entendre.

Brinhild est assise dans sa chambre, l'âme accablée de tristesse. Elle ne veut ni parler, ni se reposer, la femme charmante.

Gunnar entra dans la salle armée d'une lance acérée : « Il périra de mort violente celui qui t'a causé de la peine. »

— « C'est Gudrun, ta sœur, qui est cause de ma douleur. Car elle possède Sjurd, le brave compagnon, qui est supérieur à tous les autres. »

Brinhild est couchée dans son lit. Gunnar est appuyé au bord de la couche. Maintenant elle le pousse à une méchante action, si froide est son âme.

— « Jamais tu n'obtiendras mon amour, jamais même tu ne dois espérer l'obtenir, si tu ne fais point sortir Sjurd de ce pays. »

— « Écoute, ma vaillante bien-aimée, je ne puis penser que tu veuilles rendre le jeune Sjurd victime d'une trahison. » Puis Gunnar ajouta : « Il ne peut en être ainsi, Sjurd est mon frère par serment, je ne puis rien lui faire. »

— « Jamais tu n'obtiendras mon amour, jamais même tu ne dois essayer de l'obtenir. Aussi longtemps que mes yeux verront Sjurd, ma douleur ne finira pas. »

— « Écoute, ma vaillante bien-aimée, tu me causes de grands soucis. Comment enlèverais-je la vie à Sjurd? aucune épée ne peut le blesser. »

Alors Högni, fils de Juki, parla, tandis que ses joues pâlissaient :

— « Il y a maintenant quinze hivers que nous avons combattu l'un contre l'autre. »

Brinhild s'assit dans son siége d'or, qu'on sache ceci au loin.

Les Jukungen veulent chevaucher dans la forêt.

Brinhild est assise sur son siége, elle joue avec un couteau doré.

— « Vous n'entrerez plus dans ma chambre tant que Sjurd sera en vie. »

— « Eh bien, donc, écoute, Brinhild, fille de Budli, donne-nous un conseil, comment pouvons-nous enlever la vie au jeune Sjurd? »

— « Donnez à Sjurd des mets très salés et qu'il n'ait rien à boire, chevauchez dans la forêt sans crainte, demandez-lui de changer entre vous de selle et de cheval. Si ton cœur songe à la trahison, efforce-toi de l'accomplir le mieux que tu pourras. »

Sjurd entre dans la salle, il est beau et sage ; Brinhild est assise courbée sur son siége.

Sjurd se tient debout sur le seuil, son bouclier d'or à la main. La jeune Brinhild, fille de Budli, détourne de lui ses yeux.

Sjurd prend la parole, ce brave guerrier. « Si je reviens de la forêt, je veux t'épouser. »

Brinhild répondit, sa langue était prompte à la répartie : « Je ne puis aimer deux rois à la fois sous le même toit. »

Brinhild fille de Budli avait l'âme attristée : « Écoute Sjurd, fils de Sigmund, tu n'es pas fiancé avec moi. »

Et il se fit un grand bruit dans le burg du roi. Les guerriers allaient s'éloigner en chevauchant.

Brinhild était appuyée sur le dos de son siége d'or, et ses larmes coulaient sur ses vêtements.

Le roi Budli passa agité de mille soucis : « Qu'on donne à Sjurd le heaume, l'épée et la corne à boire. Nul n'aime tant autrui, qu'il soit prêt à sacrifier ce qui lui appartient. »

Sjurd, fils de Sigmund, ne devait point rester plus longtemps en ce monde.

Alors le roi Budli dit en saisissant son anneau d'or rouge :

« Écoute, Brinhild, ma fille, pourquoi veux-tu tuer Sjurd ? Souviens-toi de cela, Brinhild, ma fille, songes-y à temps. C'est toi qui attiras Sjurd du pays du nord, vers nos vertes collines. Penses-tu à cela, ô ma fille chérie? Tu as attiré Sjurd des pays du nord vers Hildarhöhe. »

Le roi Budli sort de la salle, le matin de bonne heure. Brinhild est assise, la tête appuyée sur la main.

Ils chevauchent vers la forêt et Sjurd les accompagne. Il ne soupçonnait pas la trahison qu'on machinait contre lui.

Brinhild est restée dans la salle, elle regarde au loin.

Le noble Sjurd chevaucha en avant, comme le premier et le plus brave des Jukungen.

Brinhild s'assied dans son siége d'or accablée de douleur. Accablée de douleur, elle laissa couler des larmes sur ses deux bras; Brinhild pleura bien lamentablement, la belle femme!

« Adieu, adieu, Sjurd, fils de Sigmund, je ne te verrai plus vivant. »

Ils chevauchent dans la forêt, joyeux et sans souci. Ils donnèrent à Sjurd des mets très salés et rien à boire.

Eux, ils boivent souvent à longs flots dans leur corne, tandis que celle de Sjurd est restée dans la salle de Juki. Ils boivent dans leur corne sans aucun souci.

Sjurd est assis sur le dos de Grani, et il désire boire.

Ils boivent dans leur corne, joyeux et sans soucis.

Sjurd détache la courroie de son heaume et descend de la selle, — il ne craignait aucune trahison, — il descend de sa selle, et s'élance vers la source, joyeux et sans souci.

Sjurd se couche pour boire l'eau de la fontaine. Rarement une bonne branche pousse sur un mauvais arbre.

Sjurd se couche pour boire l'eau de l'étang. Gunnar avait l'épée qui pouvait entamer le col de Sjurd.

Högni le perça et Gunnar le frappa avec leurs épées d'assassins.

Ils commirent ce crime horrible, ils enlevèrent la vie à Sjurd.

Högni le transperça et Gunnar le frappa, surtout par les conseils de Brinhild.

S'il avait prévu la trahison, il était homme à les vaincre tous deux.

Il prit la parole, la colère et la haine l'animaient. « Si j'avais deviné votre trahison, je vous aurais vaincus, vous, et bien d'autres encore. »

Couché à terre il parla encore : « Si j'avais prévu la trahison, je vous aurais vaincus tous. »

Ils changèrent de vêtements et d'apparence extérieure, mais Grani, ne voulut point avancer, il était doué d'une intelligence humaine.

Quand Gunnar se fut mis en selle, Grani ne voulut pas avancer avant qu'on eût placé sur son dos Sjurd le rapide.

Ils prirent le corps de Sjurd, de ce brave guerrier, et le rapportèrent sur son bouclier.

Que d'hommes ont perdu la vie à cause d'une femme !

Ils prirent le corps de Sjurd et le reposèrent sur les genoux de Gudrun.

La fiancée ignorait tout, elle ne s'éveilla que quand le sang coula sur le lit. Elle ignorait tout, la fiancée, elle ne s'éveilla que quand le sang eut mouillé le lit.

Faut-il s'étonner qu'elle considérât cela avec horreur !

Gudrun, la fille de Juki, s'éveilla et dit ces mots :

« Ce n'est pas de toi, roi Gunnar, que j'aurais dû attendre une trahison. «

Gudrun se dresse sur son lit ; elle essuie le sang et embrasse la bouche sanglante et la tête de Sjurd.

Alors Gudrun, la fille de Juki, prit la parole :

« Je vengerai la mort de Sjurd, à moins que je ne perde la vie. »

Gudrun se dirigea vers la grande salle et se

débarrassa de son manteau rouge, — sa vie était désolée par la mort de Sjurd.

— « Écoute ceci, ma chère fille, ne pleure point la mort de Sjurd. Artala, roi du Hunenland, ne manque point d'or rouge. »

Gudrun, la fille de Juki parla, elle était accablée de douleur :

— « Là-bas je vengerai la mort de Sjurd, à moins que je ne perde la vie. »

Brinhild s'était endormie tant de nuits dans les bras de Sjurd, et maintenant qu'elle avait causé sa mort, de douleur son cœur se brisa. Brinhild, mourut de douleur, Sjurd perdit la vie.

On peut juger de la beauté de Brinhild d'après l'amour qu'elle inspira.

Après la mort de Sjurd, Brinhild succomba à sa douleur.

Ils apportèrent à Gudrun de l'or, des trésors et maint anneau d'or rouge.

Maintenant, il faut dire cette vérité, que les femmes ont le cœur tendre. Gudrun parcourut le monde entier en tenant Grani par la bride.

Je cesse ici mon chant. Pour cette fois je ne chanterai pas davantage.....

FIN.

TABLE DES MATIÈRES

Introduction. — La formation des épopées nationales et les origines du *Nibelunge-nôt* . . .   5

Préface. 165

Premier chant de Sigurd, vainqueur de Fafnir ou la prophétie de Gripir 181
Deuxième chant de Sigurd, vainqueur de Fafnir . . 193
Le chant de Fafnir. 202
Le chant de Sigurdrifa. 213
Troisième chant de Sigurd, vainqueur de Fafnir . . 223
Second chant de Brynhild (fragment) 236
Descente de Brynhild vers le royaume de Hel . . . 241
Premier chant de Gudrun 245
Mort des Niflungen. 251
Second chant de Gudrun 253
Troisième chant de Gudrun 263

La plainte d'Oddrun	266
La *Saga* d'Atli	273
Le chant d'Atli	283
Gudrun sauvée des eaux	305
Le chant de harpe de Gunnar	311
La *Saga* des Nibelungen dans l'Edda de Snorri	319
La *Saga* des Nibelungen dans les anciens chants danois	337
La *Saga* de Sigurd dans les chants des îles Féroë	343
Chants des îles Féroë. — Le forgeron Regin	349
Brinhild	363

www.ingramcontent.com/pod-product-compliance
Lightning Source LLC
Chambersburg PA
CBHW050434170426
43201CB00008B/665